挫折からのキャリア論

レジリエントに生きる

山口真由

日経BP

プロローグ

この本が生まれたきっかけは、2022年6月、WEBメディア「日経xwoman（クロスウーマン）」に掲載された2本のインタビュー記事でした。そのインタビューで、社会人になってから最初の数年間に経験した2つの大きな失敗について話しました。送られてきた原稿を読んでみると……、当時を思い出してつらくなり、自分でも泣いてしまうほど赤裸々に失敗が書かれていて（まぁ、すべて自分で話したことだったのですが）、ほぼ修正せず、そのまま公開してもらいました。

それがうれしいことに（お恥ずかしいことに？）SNSでどんどん拡散され、性別や年代を超えて、多くの方々にお読みいただけたと知りました。SNSを見てみたところ、私の経験談を前向きに受け止めてくださった方々から寄せられた温かいコメントの数々。とてもうれしかったです。

失敗談をあそこまで詳しく話したのは初めてで、どんな反応が返ってくるか、正直、とても不安でした。

SNSに書き込まれたコメントには「山口さんが最初の職場でもう少し辛抱して頑張っていたら、ちゃんと活躍できる人になっていたはず」といった励ましのメッセージもあり、「当時の私にこんなふうに助言してくれる人が一人でもいたら、私の人生は変わっていたかもしれない」と心の底から思いました。

若かりし頃の私は孤独で、苦しんでいました。

そして、今、思うことがあります。

私のまわりには仕事で活躍している女性がたくさんいます。彼女たちを見て少し気になるのが、多くの人が「私には女性のロールモデルがいない」と口にすること（「男性のロールモデルならいる」と言う方はいます）。その一方で、若い世代の育成に注力する人があまりいないように見えることです。「後輩とごはんを食べに行く時間があったら、同世代や先輩、上司と行きたい。そっちのほうが得るものがあるし……」と、本音を打ち明けられたこともあります。

私もほかの皆さんをとやかく言えるわけではありません。後で詳しくお話ししますが、何を隠そう、私自身、後輩の育成に全く関心がない時期がありました。でも、そんなことは思い切り棚に上げて、自戒の念も込めて、お話ししたいことがあるのです。

今、「女性のロールモデルがいない」と嘆いている女性の皆さんは、果たして下の世代の女性たちにとってのロールモデルになることができているでしょうか。

なれていない可能性が高いかもしれない、と私は思うのです。新人時代の私が、上の世代の女性たちを見てそう感じていたように。

私は職場にいた女性の上司や先輩に対して、もっと自分の「弱み」を見せてほしいと思っていました。当時の上司や先輩に対して「冷たくて合理的で強すぎる」という印象を持つことが多かったのです。

でも、今、私のまわりにいる、仕事で成功して、キラキラ光り輝いて見える40代前後の女性たちにそれぞれじっくり話を聞いてみると、実は裏でものすごく苦労していることが少なくありません。

私自身、テレビなどのメディアを通して私を見てくださる方々から「山口さんは（性格が）強めですよね」とよく言われます。皆さんも、もしかしたら「山口真由＝強い人」というイメージをお持ちかもしれません。

でも、この1冊をお読みいただけたら、皆さんに自信を持って「山口さんは弱いところがいっぱいありますよねっ！」と言っていただけるようになるぐらい私の話を開示していきますが、私は、めっちゃめちゃ「弱い人」です（この本は、初公開の恥ずかしい話、涙なしには読めない話、盛りだくさんです。期待してくださいね。フッフッフ）！　私も自分の弱さをまわりに十分開示してきたとは言えないでしょう。

だからこそ、この本では、私の失敗談を「これでもか！」というほど紹介します。

そして、単なる失敗談にとどまらず、もう少し広がりのある本として世に出したいとも思っています。

私には自分より上の世代の方々に対して「ロールモデルを提示してもらえなかった」「男性なら当然のようにあったと思われる、組織内の派閥に入れてもらったり、その中で引き上げてもらったりするというシステムを提示されなかった」という不満があります。派閥づくりは、そもそもいいことか、悪いことか、賛否両論あると思いますが、いずれにせよ、女性の部下が女性の上司からかわいがられて飲みに連れていってもらったり、いろいろ助言をもらったりするという話はあまり聞きませんでしたし、少なくとも私は一度も経験しませんでした（私が知らないだけで、積極的に実践している方はいるかもしれませんが）。

最近でこそ、社内外で役員や上級の社員がほかの社員のメンターになるという話も耳にするようになりました。でも、実際は「勤務先に依頼されたから」「勤務先にメンター制度が設けられたから」といった理由で引き受けている場合が多く、制度も何もないところで、自発的にメンターを買って出ている人はそこまでいないのではないかと思います。

とにかく、私のまわりにいる女性たちの後輩育成に関する興味が、概して薄いような気がしてならないのです。

もしかしたら、お子さんをお持ちの場合は子育てで忙しく、職場の後輩とごはんを食べに行くような時間や気持ちの余裕を持てないのかもしれません。ご家族の介護で大変な方もいらっしゃるでしょう。一般的に、日本ではまだ男性より女性のほうが家事・育児・介護に割く時間が長く、夫のほうには職場の後輩を育成する時間や余力があっても、妻にはないのかもしれない。

また別の視点から見れば、従来型の日本の職場では、女性はまだ少数派であることが多く、時にキャットファイト（女性同士の取っ組み合いのけんか）のような振る舞いを周囲からけしかけられてきた面があるとも感じます。私自身がそうでした。

また、女性はよくインポスター症候群（自分を過小評価してしまう心理傾向）になりがちと言われます。これは女性の特性だから仕方がないと説明されることが多いですが、私は、女性が自信を持てないことの根拠を、女性の内面に理由付けるという考え方に納得できません。

本来であれば職場の女性たちは、もっと互いに助け合い、支え合っていける存在であるはず。それなのに、女性の間にある「連帯」が何かによって断絶されているような気がします。だとすれば、私たちがもっと互いの弱さを開示して手を取り合っていくことで、職場でもっと違う振る舞い方ができるようになるのではないだろうか。私はそう考えています。

さて、私は世代を超えた「縦のつながり」というものをよく意識します。例えば、私たちの祖父母が父母を産み育て、父母が私たちを産み育て、私たちがまた子どもを産み育てることでつないでいく――。これは家の中にある「縦のつながり」です。

日本の女性たちは「縦のつながりづくり」を家の中では行ってきた歴史があったでしょう。女性が家の外で働くことが主流になった今、本来であれば、会社や組織の中でも「縦のつながり」をつくっていかなければいけないはずです。つまり、上司や先輩として、部下や後輩を積極的に育てていく役割を担う必要があるのです。

だからこそ、部下や後輩を育成する目的で、上の世代は自分の「弱さ」を下の世代に向けてもっと開示しなくてはならないと思います。キャリアの駆け出しの頃の、恥ずかしく、悔しい経験を、できるだけ詳しく、当時の感情も含めて話す。ベテランになってからの失敗談も同様に。武勇伝や自慢話ではなく、上から目線の説教でもなく、等身大の人間の話として――。

こうした話から若手は多くを学び、そして、「この人はこんな恥ずかしい話を私に話してくれた」ということを知って心が温まるでしょう。その失敗談には、話し手のコンプレックスや人間性（よいところも、悪いところも）に加えて、ためになるノウハウも隠れていると思います。その内容が、話を聞いた若手が後になって何か失敗をしてしまったときに、「大変だけれど、あのときのあの人よりはマシだ」と自分を慰めたり、「結構やばいことをしてしまったけれど、あの人もあのとき踏ん張ったんだから」と奮起するための勇気に変わったりするはずです。

さて、今ベテラン層にいる女性たちの多くは、これまでは男性中心の職場の少数派として、まわりの人に負けないためにも、むしろ弱みを見せないように背伸びをしてきたのではないでしょうか？

もしこの本を読んでいるあなたが、その一人だったら、この本をきっかけに、ご自身のつらかった経験を見つめ直してみてほしいと思います。私がどうやって自分の失敗を見つめ直してきたかもお話しします。

女性が「家の中で縦のつながりをつくる（子を持ち、育てていく）」営みにおいては、日本社会にたくさんのロールモデルがいます。そして日本では、家の中のその営みを女性が担わなければいけなくなる事情もありました。それは、日本の社会全体が、主に男性による長時間労働を前提として成り立ってきたということです。

この状態も少しずつ変化はしています。働き方改革が進み、残業時間が削減され、性別に関係なく家事や育児を担う人も増えています。しかしその変化は日本全体で見れば、まだ「ほんの少し」。そして今のところ、変化のスピードはものすごく遅いです。

だから女性は家の外で働くようになってもなお、家の中での「縦のつながりづくり」に大きな責任を持って取り組まなければならず、その分、職場における縦のつながりづくりが手薄になりがちです。そして、職場での縦のつながりづくりは、必然的に（不本意であっても）他者（主に男性）に任せる場合が多くなってしまうのです。

私は職場で、女性の先輩に気に掛けてもらった経験があまりなく、派閥をつくる女性もあまり見たことがありませんでした。それを今までは、むしろ良いこととすら思っていましたが、それは裏を返せば女性が女性を上に引き上げていくシステムがないのと同義と言っても過言ではないのではないか、ということに最近になって気づきました。

一方、男性の上司や先輩が女性の部下や後輩をごはんに誘い、組織内で引き上げていく過程にはまた別の問題があります。異性同士であるがゆえに、性的要素が交じるリスクがないとは言えないからです。

私がキャリアの駆け出しの頃に抱いた絶望感は、「頑張っても頑張っても誰一人、私のことを見てくれていないのではないか」という不安から来るものでした。誰か一人でもいいから私のことをケアしてくれる人がいたら、心が温かくなり、苦しい場面でも踏ん張れていたと思うのです。

財務省時代、もしかしたら私のまわりにも温かい目で見守ってくれている人がいたのかもしれない。でも、もしそうだったとしても、それは私には全然分からなかった。「ミスをしたら大変。ミスはしなくて当然」という職場。ミスをしないように、相当、神経をすり減らしていましたが、ミスがないのが当然なので、ミスなく仕事をこなしても評価されるわけではなかった（ように感じていました）。

従来の組織であれば、職場がメンバー一人ひとりをケアしなくても、多くの人が組織の「ジャングルジム」を自力で登っていけたのでしょう。でも、私にとっては、「ジャングルジムから自分がらくご（落後）するかもしれない」ということが最大の恐怖でした。ミスをしたときに「あなたはらくごしたわけではない。あなたが悪いわけではない」と手を差し伸べてくれる人が一人でもいたら……、どこかに何らかのセーフティーネットが張られていたら……、私の過去は違っていたかもしれないと思います。

今、仕事で成功している（ように見える）女性たちが、自分が過去に経験した失敗談をうまく開示して、それを下の世代に提示してくれることを祈ります。私がこの本を出すのも、その試みの一つです。ロールモデル不在と言われているこの時代、私の拙い失敗が（失敗に巧拙があるのか分かりませんが）下の世代にとってのセーフティーネットになればいいな、という願いを込めて。

挫折からのキャリア論　目次

東大「全優」で卒業も仕事ができず泥沼の日々

「満点の女、来ましたけど！」——。自信満々で財務省に入省するも、ミス連発

キラキラに見える人生　実際は泥沼だった

「東京大学法学部を『オール優』で卒業し、財務省の官僚へ」「米ハーバード・ロースクールに留学後、ニューヨーク弁護士に登録」……と聞くと、公私共に完璧で、絶好調続きの人、というイメージを持たれるかもしれません。でも、実際の私は、ずっともがきまくって何とか今まで生きてきたという感じなんです。

20代、私は入省2年目に財務省を辞めて、「自分探し」を始めました。

私の半生を思い返してみると、大学卒業まではこの上なくシンプルで「勉強ができた」の一言に尽きます。そんな私が財務省に入り、残酷な真実を突き付けられました。それは「自分がそれほど優秀な人間ではなかった」ということ。

そう。仕事ができなかったんです、私。

と同時に、それを絶対に認めることができなかった、という……。

入省時は意気揚々でしたよ。東大での成績は「ゼンユウ（全部『優』）」で卒業しましたし。財務省での配属部署も2階の主税局。2階にオフィスを構える主税局や主計局、文書課、秘書課などが、省内では王道で花形と言われていました。「はい、満点の女、来ましたけど！」ってドヤ顔していました（笑）。

でも、徐々に自分の実力のなさを感じる経験が続くようになりました。例えば、同期の一人に、コクイチ（国家公務員I種試験）の順位が3桁だった男性がいました。私の順位は21番だったので「私のほうが優秀」という自負があり、彼に対して一方的にライバル心を持っていました。でも、気づいたんです。彼が時々、私の仕事のミスをさりげなくフォローしてくれていることに。

私、ミスだらけだったんです。

任される仕事の範囲がまだ小さかったのでそんなに大きなミスこそありません

でしたが。一番大きいミスは、忘れもしない「鍵事件」です。

財務省のオフィスには機密文書がたくさんあり、毎日、初めに入室する職員が鍵を開け、最後に帰る職員が鍵を閉めることになっていました。朝は必ず入省1年目の職員が鍵を開ける決まりでした。

入省して半年ぐらいたった頃でしょうか。その日は私が朝一番に鍵を開けて、保管場所に返した……はずだったのですが、その後、鍵がなくなってしまったのです。それなのに、私は大事な鍵をなくしておきながら、反省もせず、罪の意識もなく、「私という人間の価値を考えれば、鍵1本くらい、どうってことない」と思っていました。財務省官房長に呼び出されて怒られたときも「はい、はい」と聞き流して、「鍵をなくしたぐらいで、私という人間の価値が傷つくことでもない」と平気な顔でした。

取材でベテラン職員たちがゴミ箱を開けて鍵を探していたエピソードのくだりを話している最中、当時を思い出して泣けてきました

でも、その後3日間ぐらい、近くの席のベテラン職員たちがよく席を空けることに気づいたんです。「どうしたのかな」と不思議に思っていたところ、彼らが1週間分の財務省のゴミを引っ繰り返して鍵を探していることを知りました。そのとたん、ものすごく申し訳なくなって、ショックで涙が出てきました。職務室には重要なデータも保管されているので、鍵を紛失したらそれこそ一大事。「私、悪いことをしてしまったんだ」と、やっと理解したんです。そして、初めて「すみませんでし

た！」と頭を下げました。

その辺りから、「私って、もしかして邪魔？」「仕事ができないの？」と感じるようになって。一方で、「そんなはずはない！ 私はキラッキラで財務省に入ってきたんだから」と、事実をなかなか認められない自分もいました。学生時代を通して私の核には「自分は優秀である」という強烈な思いがあって、それが邪魔して、素直にまわりに教えを請うことができなかった。「こんな優秀な自分を認めないなんて、組織のほうが間違っているんじゃない？」という不満を抱く始末でした。

あのときはとにかく自分を大きく見せたかったし、自分が優秀な人間であるというイメージを壊したくなかった。だからその後も、できるだけ早く仕事で頭角を現して、自分にとっての「王道」――、つまり「自分が理想とする、物事が進むべき正当な道」に戻りたいともがいていました。

でも、残念ながら、その線は薄いことが分かり始め、それが確信に変わる前にゲームセットにして、別の道を模索しなくてはと考えました。入省2年目の秋のことです。

決定的に負けが決まる前に、リセットボタンを押すのが得意技

思い返せば、入省1年目は上司が怖い人で、「この上司に押さえ付けられているから、私は実力を出せていないんだ」と思っていた節がありました。

でも、2年目はまわりがみんないい人ばかり。「実力」発揮を阻む「壁」は何もなかった。それなのに、前任者よりも前々任者よりも、任される仕事の範囲が明らかに小さかった。

最初は、いろいろな壁を見つけようとしました。「目立ちすぎるから評価されないんだ」とか。同期20人のうち、女性は私を入れて2人しかいないから「ジェンダーの壁があるんだ」とか。でも、客観的に見て、「評価されない原因は自分にあった」と今では素直に思えます。

余談ですが、私は小学校のときから、パソコンでマージャンゲームをやるのが好きでした。七対子（チートイツ）と立直（リーチ）しか分からないので、すぐ負ける。でも、負けが決まる前に、ゲームをリセットするのが得意技でした。だから、負けない。「負けそう！」って思ったら、やめるんです。傷つきたくなかったから。こんなふうに「決定的に折れる」という経験をそれまでの人生ではほとんどしてこなかったので、何かに負けることを異常に恐れていたのです。

日本の教育は能力主義。それまでは完全に能力で東大をトップで卒業して、みんなを山の頂から見下ろしているつもりでした。でも、職場で通用する能力という面では、頂上にいたわけでは全くなかったんです。それに気づいたとき、言い訳のしようがなかった。「今回は巡り合わせが悪かった」といった理由ではなく、「仕事に必要な能力がなかった」という決定的な敗北を認めることに耐えられませんでした。

「らくご者」になるのはつらい。だから、惜しまれながら辞める、という体《てい》で辞めました。入省して2年目ですから、さすがに引き留められました。財務省からすれば、投資期間中で、まだ全然、投資分を回収できていないフェーズでしたでしょうから。

というわけで、24歳で財務省を辞めて、自分の人生を探し始めた。つまり、私の価値が評価される場所を求め始めたのです。

リサーチは超得意。でも、考えるのが超不得意

それでもまだ、私の中には「王道を捨てたくない」という気持ちがありました。そして、自分の中での「王道 パート2」である「弁護士の道」を歩み始めました。司法試験には大学3年生のときに合格していたので、企業法務の大手事務所の扉をたたき、面接官と3回食事に行って、「どうぞ（入社してください）」という感じであっさりと次の就職が決まりました。司法試験そのものが狭き門ということもあり、就職活動はあまり苦労しませんでした。

でも、残念ながら、弁護士事務所でも、仕事で評価されることはありませんでした。

途中までは、とてもうまくいっていたんです。リサーチは超得意なので、「これ

ならできる！」と自信も持てました。でも、3年目ぐらいになり、手足を動かして調査する能力よりも、頭脳を使って考える能力を求められるようになって様子が一変しました。

大手事務所はプロジェクトごとに30人規模などのチームで働きます。企業調査を行う際に、最若手は資料の中で難易度の低い基本パートを執筆し、経験を積むに従って難しいパートを担当するようになります。さらに、後輩が書いた文章をチェックし、手を入れてから上に上げるという役割も担うようになります。

でも、私は後輩の書いた文章をチェックするのが大嫌いでした。後輩育成に一切興味を持てなかったんです。なので、後輩の文章をそのまま上に上げていました。そうしたら当然ながら「山口さん、一回自分で考えてから上に上げて」と言われてしまいました。

実を言うと、私は「考える」こと全般が嫌いだったんです。それまでも勉強中に深く考えたことなど一度もありませんでした。私にとって勉強とは、深く考えてはいけないこと。情報量と処理能力の勝負でしかなかった。弁護士への勉強ですら「通説と判例を覚えて出す」の繰り返しだと考えていました。通説や判例に疑問を持つ人を見ると、「そんなふうにいちいち疑問を持っていたら、司法試験に落ちてしまうよ」と内心、思っていたぐらいです。

私の勉強法は、圧倒的な情報量でカバーする「勉強界の体育会系」。だから、弁護士事務所で「自分で考えろ」と初めて言われて衝撃を受けたし、求められるパフォーマンスを出すことなどできませんでした。他人の文章をチェックする能力が全くなく、苦手なスキルを一から磨く精神的な余裕もありませんでした。

だから、大量のリサーチをスピーディーに行うことで抜きんでるしかないと考えて、より多くの仕事を取るという手段を取りました。難易度の低い仕事も、その後のキャリアアップにつながるような大事な仕事も、見境なく、すべて引き受けました。そうやって多くの仕事を手掛けた結果、処理スピードは落ちていき、評価も下がるという悪循環に。毎晩、夜中まで残業し、自転車で帰宅する途中、つらくてつらくて涙が出てきました。警察に不審に思われて、何度も職質（職務質問）されました。

そのときまでずっと、私は「他人による評価」に自己評価を連動させていました。だから、勉強の成績がよかったときは「私は優れた人間だ」と思っていましたが、職場での評価と共に、自己肯定感も下がった。その一方、「自分がらくご者であるはずがない」と信じたい自分もいて、低下する自己肯定感と、大きすぎる自己愛のはざまで揺れに揺れました。

弁護士事務所に勤務しながら、バラエティー番組に出演

そして、この頃に、新たな仕事として、クイズ番組などのバラエティー番組に出始めたのです。自分の中では王道から遠のき、どんどん脇道にそれていくイメージでした。

テレビ出演のきっかけは、東大の学生新聞「東京大学新聞」で取材されたこと。その記事を見た雑誌が取材をしてくれた縁で、テレビ出演の依頼が来るようになりました。

このとき出合った「メディア」こそが、初めて仕事で評価される場所でした。職場の広報部には、その都度、出演許可をもらいました。それでも、バラエティー番組への出演は、企業法務の保守的な職場とは完全に相反する振る舞いだと思わ

れて、まわりから白い目で見られ始め、明らかにプロジェクトのアサインが減ってしまったのです。

まわりは全員、目的意識を持って忙しく立ち働いていて、仕事で行く場所も決まっている。私だけがすべきことが何もなく、行く当てもない。しかしそんな私にも秘書がいるので、秘書の勤務時間内は自席で何かやっているふりをしていました。パソコンに向かって実のところ仕事をするのではなく英語を勉強していたり、スパムメールまでしっかり読むほど念入りにメールチェックをして時間をつぶしたり。秘書が退社すると図書館に行って、夜まで好きな本を読んで現実逃避する日々でした。

「いのちの電話」が通話中で、ふと我に返った

その弁護士事務所は決まった額の給与が支払われるのではなく、報酬制で、稼働時間6分ごとに人件費が支払われる仕組みでした。そしてとうとう、ある月の半ばに秘書から言われました。「先生、お忙しすぎて、稼働時間の入力がゼロのままです。入力しておいてくださいね」と。

「やばい！ 今月、稼働がゼロってばれちゃう！」と思って恥ずかしすぎて、「溶けて消えたい」と思った。そしてとっさに（電話相談の）「いのちの電話」のダイヤルを押したんです。でも、通話中でつながりませんでした。

そのとき、ふと我に返り、「自分の置かれている状況が滑稽《こっけい》だな」って、思いました。「こんなに精神的に追い詰められているのに、さらに、この状況にしがみつ

く必要なんてある?」って。初めて自分という存在を切り離して上から見ること
ができて、笑えてきました。そして「辞めよう」と思いました。31歳のときです。

転職先が決まらず米国へ逃亡
そして、運命の出合い

最も苦手な英語を使うつらい生活をスタート
初めて自分と「和解」

ツケマ二重付けに鼻張りで、転職面接に全落ち

転職先が決まってから退職を告げようと思ったのですが、この転職活動が全くうまくいきませんでした。

この期に及んで、まだ「私は王道」という思い込みが抜けておらず、最初は企

過去のつらい経験も、時がたって傷が癒えれば笑って話せると信じて…

業法務の事務所を探しました。でもどうしても、バラエティー番組に出演していることがマイナスに評価されてしまうのです。法律事務所にとってクイズ番組に出ている人を採用するメリットはありませんから。

さらには、勘違いも甚だしく、転職しようと考えた事務所をろくにリサーチもせずに「とにかく私を見て！」と丸腰で面接に行ったので、選考が進むはずもない。受けた企業は全落ちでした。最終段階まで残っても、なぜか最後の最後で、女性パートナーに反対されることが重なりました。

私のほうにももちろん問題はあったと思います。当時は見た目からして過剰でした。普通の格好で行けばいいのに、ツケマ（つけまつげ）は二重付け（上まぶたと下まぶたの両方に付ける）、メークは鼻張り（鼻の脇に陰影を付けて鼻を高く見せるメーク法）。すべてこんな具合でしたから、「一緒に働きたい」と思われなくても仕方ありませんよね。自分を大きく見せるために必死だったんだと思います。

また同じ頃、仲良しだと思っていた職場の同期が「司法修習（＊）時代から（山口さんは）まわりから浮いていた」と陰で言っていることを耳にし、「私って、他人から好かれてもいないし、評価もされていない」と自信を失いました。

＊司法修習…司法試験合格後、法曹資格を得るために必要な、裁判所法で定められた法曹教育制度

逃亡先の米ハーバード・ロースクール

さて、身の振り方が決まらずどうしたものか悩みました。そのとき勤めていた法律事務所には、米ハーバード・ロースクールに留学させてもらえる制度があって、私にもその権利がありました。でも、英語を使ったコミュニケーションは大の苦手。だから、評価されるはずのない場所にわざわざ身を置くことはどうしても避けたかったのですが、どこも私を拾ってくれず、最後は逃亡するかのようにハーバード行きを決断しました。

でも、そこからがまたつらくて。社会人になって「底」を経験したと思ったら、その先にまだ「底」があった、という感じです。

米国人がフレンドリーだなんて嘘だ

米国人はフレンドリーだってよく言われますけど、「そんなの嘘だよ」って思ってしまったぐらい、まわりに冷たくされました。授業の英語は聞き取れないし、話せないし、もちろん予想していた通り、評価もされませんでした。9月に1学期が始まってテストが近づく11～12月ごろに、あまりのつらさに家で血尿が出たこともありました。最初は授業で何とか発言しようと、毎日毎日、膨大な量の資料を音読していたんです。私、英語の音読が遅くて。それなのにどう頑張っても、授業では思うように発言できませんでした。

そんなある日、リポート課題が出されました。「待てよ。書くことだったら勝負できるかもしれない」と思ったんです。英語の読み書きだったら学校の勉強でもやってきていましたし。それで全力でリポートを書いたら、初めて先生に

「Excellent」と高い評価をもらえ、「ここにいることが許されたんだ」と思いました。それを境に、先生にも私が何も考えずに席に座っているわけではないと分かってもらえ、授業中に「Mayuはどう思っているの?」と聞いてもらえるようになったんです。

突然、ネーティブと同じように英語を話すなんて無理です。でも、自分の得意とする部分で評価をもらって、そこから横に力を伸ばしていくことは可能だと感じました。

運命の出合い「家族法」

頑張ってリポートを書いた教科を指導していたのは「家族法」の教授でした。初めて面白いと思った学問です。「これだったら、大学時代までの私みたいに頑張れる」と思いました。

そこで思ったんです。これまでずっと、らくご者になる前にゲームをリセットする人生を送っていたけれど、もう多少醜くても、しがみついてもいいのではないかな、と。

家族法と運命的な出合いを果たしたのは、たまたまでした。

もとは「知的財産法」を学ぼうと渡米していました。企業法務の中でも、知的財産法は、労務分野やM&Aなどに並ぶ「王道」だと思ったからです。でも、授業を聞いても全く面白く感じられず、たまたま時間が合った家族法の授業に出てみようと思ったのがきっかけでした。家族法なんて、それまで企業法務をやってきた弁護士にとっては、端っこの領域でしたし、最初は全く興味がなかったのですが、授業を聞いて、自分が抱えていた「家族」というものに対するモヤモヤに正面から向き合える学問だと感じたのです。

それまでは、「もしかすると一生、結婚も出産もしないかもしれない。親から受け継いできたものを再生産せず自分の代で止めるかもしれない」「結婚しなかったら、どうなるんだろう」「子どもを持たないと決めて歩む人生とは？」といったモヤモヤを抱えていました。こんな悩みを1つ前の世代の人たちがいろいろ考えて、悩んで、表現しているということが衝撃でした。「こんなに多くの人が通ってきた道なんだ」と、自分の孤独感が薄れていくのを感じました。

こうして、30代初めに、かっこ悪く、しがみついて努力することを始めました。それまではかっこよく表現したいという思いがあったのですが、そんなこだわりは、そのときに捨てました。

いいんですよ、文法なんて多少間違っていても、「これを言いたい！」ということとを発信することが素晴らしいんです。上を目指すのであれば完璧な英文を使えたほうがいいですが、中身のないかっこいい文章より、かっこ悪いけど中身のある文章のほうがずっと価値があると気づいたんです。

逆に、それまではそこまでして表現したいものが私にはなかったのかもしれません。

本当に興味を持っていたのは、「身の回りの家族」のこと

思い起こせば財務省時代、同僚たちは「国家が富を再分配すること」に情熱を持ち、「よきことに貢献している」という誇りを持って働いていました。一方の私といえば、昔、勉強に対して持っていたような「えたいの知れない尊いもので、力を尽くして取り組む必要があることだ」という思いを、国家に対して抱くことは

一度もなかった。

企業法務だって、言ってしまえば、「（企業を）高く売って安く買う」といったシンプルな話にしか思えなくて。でも、私以外の一流の人は自分の仕事に対するもっと高貴な自負心みたいなものを持っていたと思うんです。私にはそれがなくて、単純に「自分をよく見せたい」という欲望・願望のほうが上でした。

でも、家族法に出合って分かったんです。私が本当の意味で興味を持っていたものは、国家でも企業でもなく、ごく小さな「身のまわりの家族」にまつわることだったんだ、と。働きながら私を育ててくれた母や父に感謝をしているけれども、それを直接伝えることはなかなかできない。だからこそ、家族法について学び、自分の家族に対して抱いている複雑な感情のありかを探し、最終的にそれを家族から与えてもらったことに対する返答にできればいいのでは、と思うようになりました。

それからはつたない英語力ながらもコミュニケーションするようになりました。単語を知らないので、言ってみれば「この自動車は……」と言うべきところを、「このブーブは……」という感じで話していたと思います。でも、通じればいいんだ、と思うようになりました。

肩書に頼ることをやめた

それまでは「東大でオール優の」「財務省の」「弁護士の」といった肩書に頼って生きていた節があったのですが、ハーバードではそうした肩書はほとんど何の意味も持たなくて、単なる「Ｍａｙｕ」でしかありませんでした。

一番つらかったのは、クラスメートとの食事の場。共通の話題もなく、テーマのない雑談ができなさすぎて。そんなときに香港から来ていた女性の学生が「え？

Ｍａｙｕと話すの、結構、楽しいよ」って言ってくれて。「あ、肩書なんて要らなかったんだ。今までだって、肩肘張る必要なんてなかったのかもしれない」と思ったんです。

1年終わってみると、とてもよい評価をもらえました。「『自分ができない』『できない』って思っていたけど、向いている分野と向いていない分野がある、というだけで、自分が根本的に劣った人間だというわけではなかったんだ」と思って、そこからはすごくラクになりました。

とはいっても、米国から帰国した後もなかなか職が決まりませんでした。知人である東大の准教授に相談したところ、「あなたは興味ある分野を深く学んでいくことが好きなのだから、東大の博士課程に進めばいいのでは」と助言されました。願書の締め切りが1週間後に迫っていたので慌てて出して、無事合格しました。

そんなこんなで東大の大学院で家族法を研究していたら、一連の財務省不祥事が起きて、テレビ番組に呼ばれることが増えて……。２０２０年には知り合いの先生に、信州大学の特任准教授（＊）のポストに呼んでもらえて、今に至ります。

＊…記事掲載当時

「日本語の文章を読んで記憶する能力」が異様に高いだけ

米国留学をきっかけに、向き不向きに敏感になりました。よく考えたら、勉強全般ができたわけじゃなかったんです。私は「日本語の文章（教科書）を読んで記憶する能力」が異様に高かった。読んだ内容を理解せずに、とにかくすべて記憶できる。これが日本の学校教育の場での評価軸にたまたまはまっただけで、ほかの能力は極めて普通だった。だから、「勉強ではものすごく評価されたのに、大人になってからは評価されなくなった」のではなかった。私という人間は何も変わっていない。いる場所によって、評価軸が変わっただけだったんです。「なんだ、(できる自分も、できない自分も)全部、私だったんだ。初めからそんなに優秀だったわけでもないし、今だって人より得意なことがちゃんとあったんだ」って。

そこからも意外と時間がかかったのですが、最近になって、「そうか、自分が得意とする『読む』スキルを生かした領域に行けばいいんだ」と気づきました。向いている仕事でいうと、コメンテーター。出演する番組のテーマに関して、本を1〜2冊パッと読んで下準備をするのは、私は息を吸って吐くようにラクにできます。一方、世論を代表する役回りで、感性のまま発言する人も意外と多いので、テレビ局のスタッフからは「山口さんは、いつもしっかり準備して臨んでくださってありがたい」と言われます。

第三者からそう評価されて、「そうか、私は短時間で情報を読んでインプットするのが得意なんだ」と、やっと強みをしっかり認識するようになりました。弁護士事務所時代にも「君の読む能力は異常値に近い」と褒められたことはあったのですが、数多く持ち合わせているスキルのうちの一つにすぎないと勘違いしていたんです。ハーバード時代に英語が聞き取れず、どんなに努力しても発音がうまくならなくて、ヒアリング能力のなさに気づいたことが、逆に日本語の文章を読んで覚えるスキルの高さを認識するヒントにもなりました。

そして、32歳でハーバードを好成績で卒業して、ニューヨーク州弁護士に登録して帰国した後は、英語の勉強をやめました。

「一生かかってもネイティブのように英語を話せるようには絶対にならないだろう」と思ったから。米国時代は一生懸命話していましたが、帰国後は英語を使わないので、どんどん話せなくなっています。それでも、全然平気です。私はどんなに頑張っても日本語の語彙を操るほどに英語を操れるようにはきっとならない。でも、私が話せなくても、英語を上手に話す人はいっぱいいるし、最近では通訳アプリだって、翻訳ツールだってどんどん進化しています。だから、私が流ちょうな英語を操ることができるように努力する必要はない、と思います。もちろん情報収集に必要な英文を読んだり、英語の動画を見たりはしますが、それ以上のことはしません。

私は自分が全方位的に優秀だと思い込んで、過剰に盛って生きてきたけれど、「日本語の文章を読む」という決定的な強みを生かすのが私にとっての正解なんだと思っています。

初めて自分と和解できた

こんなふうに紆余曲折《うよきょくせつ》ばかりでしたが、今、私の人生には、家族法という軸ができています。そして、自分の能力として、資料を読み込んでインプットして、本番でアウトプットするという強みをはっきり認識できたことも大きな出来事でした。これはテレビ番組のコメンテーターにも、大学の教員にも、非常に生かせるスキルです。

さらなる変化としては、人を自分の評価軸で評価して、「この人は私より上の人、この人は下の人」と分ける価値観をやめました。人の能力はさまざまだし、ゴールは1つじゃないと分かって、人間として丸くなれました。20代で自分探しを始めて、38歳（＊）になった今は、今の自分自身や生活スタイルに結構満足し始めています。

＊…記事掲載当時

家族法は、私がさまざまに傷ついてきたアカデミックやエスタブリッシュ（権威）の世界と、大衆の世界を融合させることができる領域かもしれない。最近では、そのことこそが自分のミッションなのではないか、と思うようになっています。実はこれまで、「何で私はテレビに出ているんだろう」という疑問が私の中にあったのですが、家族法という軸ができてからは、自分をもっと肯定できるようになりました。

……と言っていますが、本当のことを言うと、まだブレブレです。でも、多少のブレはあっていい。私の20代は自分でも「かわいそう」と思うぐらいの経験ばかりでしたが、それでもいいんだ、と。最終的にそういう経験がすべて味になるのだと思います。今は弱いところも含めて、結構「面白いやつ」だと気に入っていて、初めて自分と和解できたかなって思っています。

（日経xwoman 6月掲載記事から）

もし、今、財務省で高い鼻をへし折られそうになっている自分が目の前にいたらどう助言するかな、と考えてみました。「すぐ財務省を辞めて、ほかの道を選ぶ手もある」とは言わないと思う。なぜなら、転職後、精神的にも金銭的にも本当につらい苦労をしたから。どんなにつらくても、元の職場に籍を置いたまま、週休3～4日制や副業といった新しい働き方を使って、徐々に王道からはみ出して、新天地を探せばいいと助言するような気がします

私には5つの特大の「飴玉」がある

日経xwomanでのインタビューで失敗談を語ることができたのは、ある種、自分がそれを吹っ切れた証しだと思います。

「それにしても、10年も20年も前の話を、なぜここまで詳しく話すことができるのですか？」と聞かれることがあります。その理由は、私がその失敗を、まるで「飴玉」のように何度も何度も飽きることなく、なめ続けてきたから。

私には、ある習慣があります（もしかしたら、同じようなことをしている方がいるかもしれませんが）。夜眠れないときや仕事に対して「もう嫌だ」と思ってしまったときに、昔の失敗の記憶を頭の中で引っ張り出し、「あのときはこんなことが起きて、悔しかったんだよね」……と、嫌だった出来事をできるだけ鮮明に思い出し、そのときのリアルな感情を脳内で再生させて味わうのです。こうして、つらかった経験を時間をかけて凝縮させて成熟させて、生きるエネルギーに変えてきました。「あのとき私はこれだけつらかった」という記憶をなめて、なめて、なめて……（え？ 私って、変わってますか？）。

でもなぜか日経xwomanに記事が掲載された後から、取材で話した失敗談を思い出しても、前のようには飴の味がしなくなってきているんです。だから今、眠れない夜に思い出すものがなくて困るようになってきました。かといって、何も考えず、ぼーっとしていることができない性分なので、最近は、読んで面白かった小説のストーリーを脳内で再生することが増えています。

さて、私の記憶の箱には大きい飴玉と小さい飴玉があって、中でも特別に大きい飴玉が5つあります。

特大飴玉の1個目は、財務省での挫折。2個目が弁護士事務所を辞めさせられたときのこと。3個目が、婚約者に婚約を破棄された話。4個目は、留学から帰国した後、収入が激減した1年間の経験。5個目は、卵子凍結をしたこと。

1個目と2個目の飴玉については、日経xwoman記事でも紹介しましたが、2個目の飴玉については本書でさらに詳しく話します。そして、3〜5個目の飴玉についても、じっくりお話ししていきます（初公開です）。

この特大飴玉のほかに、小さい飴玉もあります。小さい飴玉は、例えばこんな感じです。テレビに出始めた頃のこと。ある情報番組の収録後、テレビ局の廊下で大御所タレントのAさんに会いました。私が「（収録、）ありがとうございました！」とあいさつしたところ、完全に無視されたんです（「うわ、そんなこと気にする？」と思ったあなた。そうです。私はめちゃめちゃ「気にしい」なのです）。私があいさつした全く同じタイミングで別の方向から歌手BさんがAさんにあいさつし、Aさんは私には目もくれず、パッとそちらに行ってしまった。Bさんのタレントとしての価値が私より高かったと私も思うので仕方ないことだったかもしれません。でも、この「あからさまにそぎ落とされた」という悔しさや怒りを、私は一生忘れません。

もしかしたら私の声がAさんに届かなかったのかもしれない。でもあの距離でそれはないだろう……。この時点で、もはや私にとって相手に私の声が聞こえたかどうかはどうでもよく、私の声が聞こえたのに無視されたという悔しい記憶にして取っておくことが、すごく大事です。なぜなら傷ついた経験として取っておいたほうが、後々、自分を鼓舞できるときに使えるから。この傷を飴玉にしてなめ続けながら、「もう同じような悔しい思いをしないために、苦しくても努力を継続するんだ」という原動力にする。私はそう考えて生きてきました。

この本のカギを握るのが、飴玉という概念です。悔しいけれど、避けられなかった失敗、失意、喪失、挫折。そのときの感情をできるだけ新鮮なまま凝固させて結晶体にしておきたい、という思いが私にはあります。そして、時々それを取り出してペロペロなめる。

この飴玉という概念は、人生のあるときを境に、何となく意識するようになり、今では私の人生にとって、なくてはならないものになりました。この飴玉をカギにしながら、私が紆余曲折の中で得てきたものをすべて皆さんにお話しします。

そのためにも、私という人間についての説明も必要だと思うので、ちょこちょこ説明していきますね。

私は、すべての物事を「足りない方向」から見る人間です。例えばコップに水が半分入っているのを見て「水が半分も入っている！」と思って喜ぶのではなく、「水が半分しかない！」と焦って「足りない、足りない」と気にし続けます。

そんな考え方の持ち主なので、テレビ番組の生放送で自分が小さな言い間違いをしてしまったら、それを気にしてかなり長い期間、引きずります。マイナスの側面を見続けるというのは性格的なもので、これはもう一生変わらないでしょう。

この考え方がいつ頃に備わったかを考えてみると、1歳半ぐらいの頃だと思います。それまでは「自分がこの世の中心だ」という感覚があったのですが、そこに突然、妹が現れました（1歳違いの妹が生まれた、という意味です）。当時のことをはっきり覚えているわけではありませんが、私は「お手伝いをして母親に喜んでもらいたい」と思ったようで、絶対に手の届かない台所のシンクに懸命に手を伸ばし、家族が使い終わった食器を洗おうとしていたと母から聞きました。

こんなふうに手の中にあると思っていたもの（例えば親からの愛情）は、不意にパッと誰かに奪われてしまうことがある（実際は、妹と仲良く半分こして幸せではありましたが）。だからこそ、「大変だ！ 手の中にもうこれしか残ってない。

もっと増やさなくちゃ、頑張らなくては！」と思ってしまう。この恐怖心がその頃に植え付けられたのだと思います。

大きくなるにつれて、親や大人の注目や愛情をできるだけ得るために、自分が得意だと知った勉強を頑張ろうと思うようになりました。

「勉強が得意なのかもしれない」と自覚したのは、小学2年生の頃。1年生のときは「勉強が得意・不得意」という認識があまりありませんでした。2年生になり、言葉の発達が早かった私は、まわりから何かと質問されることが多かった。そうした質問に適当に答えている私を見た母に「人に何かを聞かれたら、正しいことを調べてから答えなければ、ほかの人に間違いを教えることになってしまうよ」と助言されました。そのときに「あ、そうか」と思い、調べた情報を人に伝えるという概念が私の中に初めて生まれました。

また、私は「大人の関心を引く」ということを目的化するタイプの子どもで、親や先生から自分がどう評価されるかを強く意識していました。勉強というよりも「競争」が大好きだったのでしょう。「私が誰よりも先生から評価されている」という状況を求めるうちに、自然に勉強が得意になっていきました。

学級委員に選ばれたり、生徒会長に立候補したりするタイプでもありました。小学校の生徒会長の選挙のときは、「やる気、根気、元気で頑張りま

1996 年 4 月、北海道札幌市の実家近くで。中学校の入学式の朝

す！」と元気に演説しましたが、惜しくも落選。それでも、当選した男子生徒が後になって転校したために、私が生徒会長を務めることになりました。

大学時代までは挫折の経験がほとんどありませんでした。だからこそ、いまだに挫折が怖い。かなりの小心者です。挫折しないよう、恥をかかないよう、ものすごく努力することを身に付けてきました。

勉強は得意でしたが、運動は不得意で、4段の跳び箱で骨折。100メートル走では20秒を切ったことがなく、400メートル走では酸欠で気絶したこともあります。でも先生って、「できる子」よりも「頑張る子」を好きになる傾向があることに、あるとき気づいたんです。「できる子」より「目標に向かって努力する子」が評価される」という雰囲気を感じ取った私は、100メートル走のタイムは悪くても、ペーパーテストの点数と自主練で努力をアピールすることを学び、体育でもいい成績を取れるようになりました。

さらに言えば、運動神経は悪かったのですが、体力だけはありました。だから長時間、机に座って勉強できた。丈夫で風邪もひかず、小さい頃から賞味期限を気にせずに物を食べていたせいか（？）、胃腸も強いです。

勉強って、どの教科でも、文章を読むことが基本になります。前述した通り、私は日本語の文章を読むのが非常に得意だったので、勉強にはとても有利でした。もちろんかなり努力もしましたが。でも、日本の勉強のスタイルがたまたま自分にとって有利だったために高評価につながっているだけであることには気づかず、「私の人生、これからもずっと何をしても評価されるんだ」と勘違いしていました。

今考えれば、実は数学と理科は相対的には不得意でした。頭で考えることが大嫌いなので、特に数学は問題を解くというよりチャート式参考書を丸ごと暗記して記憶で解いていました。

東大受験の数学は4問中1問解ければいいと言われています。微分積分の分野は必ず出題されるので「微積だけ解ければいいや」と考えて、虚数やベクトルはほとんど勉強しませんでした。確率のようなストーリー性のある問題は覚えやすかったので得意。どんな問題が出ても、得意な分野に引き付けて解いていました。

国語と社会、英語は絶対に高得点を取れる自信があったので、どれだけ数学で点数を取れなくてもそこで取り返していた。こんなふうに、かなり出来に偏りがあったんです。でも当時は「自分に苦手分野がある」という認識はなく、「私は全教科において努力して評価されている。同じようにやらない人たちが悪い」と思っていました(人として、かなり感じが悪い……。若いときは必要以上にとがっていました。苦笑)。

コラム❶ 小心者で怖がり

私はすごく小心者で怖がりです。テレビに出るときも、本番に向けて、番組が取り上げるテーマについてかなり勉強するので、人からは「勉強熱心だね」と言われます。でも、私に言わせてみれば、「失敗したらどうしよう。本番で質問に答えられなかったらどうしよう」と心配でたまらない。極度の小心者だから、とことんリサーチしているだけです。

生活全般において、小心者らしく、さまざまな工夫をしています。例えば、仕事で必要になって自分の過去記事をウェブで探す際、検索エンジンに最初に「山口真由」と打ち込むと予測キーワードが勝手に表示されます。このとき、ネガティブなキーワードが表示されたら傷つくので、「日経　山口真由」と打ち込むなど、自分の名前を先に打ち込まず、探している記事しか出てこないような検索キーワードを入力するようにしています。これぐらい「傷つくこと」を怖がっている人です。

でも、失敗が怖くて怖くて仕方がなくても、それが終わって振り返ってみると、想像よりひどかったことはあまりない。何か小さな失敗をしたとしても、考えていたような最悪な状況よりは全然マシ。そこがポイントです。ひどい想像ばかりしておけば、「想像していたよりマシ」と思えるのは利点です。

ちなみに、大学生のときは成績表で「優」以外を取ったことがなく、「優」以外の成績を取ることが非常に怖かった（厳密に言えば、司法修習のときは「良」を取ったことが2回あります）。中学校・高校時代は体育以外は「5」で、時々、体育でも「5」を取っていました。

司法試験の口述式試験前の2週間は、1日19時間30分を勉強に費やしました。

睡眠時間3時間、朝昼晩の食事20分、入浴時間20分。最後の10分は母に電話をして「つらい」と言って泣く――というルーティンの繰り返しです。

当時の司法試験は4段階で行われていました。1次試験は大学で所定の科目を履修していれば免除されるので、私が受けた試験は残りの3つです。その3つとは、短答式のマークシート試験、論文式試験、口述式試験。そのうち最も難関と言われるのが論文式試験でした。最初の2つの試験で合格し、2週間後の口述式試験への勉強を始める際、私の胸を一抹の不安がよぎりました。

口述式試験で不合格になるのは約5%。「その5%に入ったらどうしよう」と、まだなめたことのない将来の飴玉をそこに見いだし、恐れ始めたのです。口述式試験で落ちたら、その後、仲間内でそれを一生言われ続けるはずだ――。その恐怖のあまり、19時間30分、勉強したのです。

長時間、休憩も取らないので非効率だったと思います。本当なら適度に休憩を挟んだほうがよかったはずです。でも、当時はもはや効率とは無関係の精神論の領域に入っていました。

私には常に「自分が一番遅れている」という意識があります。「みんなは自分よりもっと準備しているはずだ。だから、今の時点で試験をしたら落ちるべきは私だ」と考えるわけです。

口述式試験の当日、受験者はまず大きな会場に集められ、受験番号が近づいてくると順番に小さい待合室に呼ばれます。「発射台」と呼ばれる部屋です。そこで受験生が6人ぐらい椅子を並べて、口述式試験が行われる部屋に呼ばれるのを待ちます。発射台で受験生の肩にのしかかるプレッシャーたるや……。私の場合、そこで自分を支えるのは「ここにいる誰よりも勉強した」という自信だけだ、と思いました。「努力の量が神によって見られているなら、私は絶対に落ちるべきじゃない。もし私が落ちたら、神様のほうが間違っている」。そう思えるぐらいに全力を注いでおかなければ、私はその重荷に耐えることはできないはず。そう思って、持てる時間とキャパシティーをすべて試験勉強に注いだと思える状況をつくり出したのです。ここまでベストを尽くしたら、万が一、落ちても納得できるし、自分を許すことができる。でも、もし8割方の努力しかしなくて落ちたら、結果にも自分自身にも納得できないと考えたのです。

最大の飴玉
弁護士事務所での「肩たたき」

特大飴玉の1つで、実は今でも乗り越えられていない、法律事務所を辞めさせられたときのことを話します。財務省の退職時は、まだ「自分から辞めた」という言い訳が立ったのですが、法律事務所では完全に肩たたきに遭った形でした。

前述した通り、リサーチはとても得意でした。リポートをまとめるときも、読む人が分かりやすいようにタイトル付けを工夫するなど、いい仕事ができていたと思います。でも、マネジメントに近い立場に上がれば上がるほど、異なるスキルを求められるようになった。「もっとスキームから自分で考えてほしい」「後輩を教育してほしい」と言われたのですが、そういうことには一切興味を持てなかった。年次が上がるにつれてつらさは増し、人事評価は下がっていきました。私は圧倒的な量で質を凌駕《りょうが》するタイプだったので、2〜3日徹夜もしながら仕事をしていました。そうやってたくさんの別々のパートナーから仕事を受けることで、「スピード」という強みが失われていったのはお話しした通りです。

仕事を発注していたパートナーたちは、総量として、私がどれだけ多くの仕事を抱えているかは把握していませんでした。相当の分量でしたが、私も自分からその実態をパートナーに伝えることはしませんでした。そして「これだけ毎日頑張っているのに」と毎晩一人で泣いていました。

私は「自分が評価されていないこと」に耐えられなかったのです。

その一方で、置かれている状況を俯瞰《ふかん》したり、長期的な視野で見たりしながら、「仕事を整理しよう。評価につながりやすいプロジェクトに労力を集中しよう」といった戦略を練ることもできませんでした。とにかく「どこか私を評価してくれるところはないだろうか」と、よそに解決策を探してばかりいました。

誰かに相談するという発想もありませんでした。困っているメンバーを支えたり、教えたり、育てたりしてくれるような組織体制が必ずしも十分ではなく、今思えば、私個人の問題ではなく、組織の問題だったと言えるかもしれません。

でも、私のほうにも原因がありました。大学卒業までの間、私には「自己責任論」がしみ込んでいました。「自分一人の努力で、この結果（東大を全優で卒業）を手に入れた。だから私が得ている（高い）評価は、私一人の手柄に違いない」と信じていたのです。その結果、弁護士事務所で評価されていないことも、私一人に問題があると考えてしまったのだと思います。

そして、私の中で、自分が弁護士事務所で「らくご者」という枠に完全に入ってしまったという意識がありました。今思えば、この「らくご者」の枠というのも勝手につくり上げた概念でしたが、当時の私にはきつかった。なぜなら、私のアイデンティティーの半分以上は「できる」という感覚で成り立っていたから。そして、挫折していることを誰にも知られたくありませんでした。こんなキラキラな人生を歩んできた私が、ここまで低い評価を受けているなんて。

そして次第に被害妄想が膨らむようになりました。例えば、所内のエレベーターでほかのパートナーと乗り合わせただけで、「ほら、みんな、私を見て笑っている」と感じてしまった。

こんなふうに心理的に追い詰められていたとき、あるクライアントが他社と交わした契約書の修正を、先輩と一緒に担当することになりました。そのクライアントが前の取引で作成した契約書と比較しながら、新しい契約書を修正していく仕事でした。契約書の文中に「知る限り」という表現を入れるという定型的な修正を加えたほうがいいと考えたのですが、先輩にそう提案したところ、こう言われました。

「『知る限り』という文言を入れても入れなくても、裁判が起きたときの判決にはあまり変わりがないよ。だから、小さい修正を1つ入れて返すよりも、無修正で返してあげようよ」。私は先輩の助言に従い、契約書を無修正のままクライアントに戻しました。すると、後日、クライアントから「その箇所を見逃した」とクレームが入ったんです。残念ながら、その先輩は私とのやり取りをすっかり忘れており、クライアントも先輩を信頼していたため、結局、すべては私の責任になり、私はその仕事から外されました。

今思えば、先輩に自分から事情を話せばよかったのかもしれません。でも、先輩の助言に納得して進めてしまった手前、「反論するのは格好悪い」と思って何も言えなかった。

私の評価があの一件によって決まったわけではなく、さまざまな出来事の積み重ねではあったはずですが、この出来事を境に「この弁護士事務所での評価にはもう納得できない」と感じるようになってしまいました。

それまでの人生で、私は「勉強」という分野において正当な評価を受けてきたという認識がありました。でも、「この事務所で私は正当に評価されていないかもしれない」という不安を抱き、その後は所内で受ける評価を何も受け入れられなくなってしまったのです。

今思えば、この世に「正当な評価」も「不当な評価」もないはずです。私の場合、大学時代まで自分にとって極めて有利なルールで評価を受けていて、それこそが正当だと思っていたにすぎなかった。社会人になって、一つひとつを取り出して見れば「正当ではない」評価があっても、積み重なれば必ず「妥当な評価」になっていくと、今なら分かります。

でも、あのときの自分は「不当に評価されている」という思い込みに固執してしまった。そのタイミングで、たまたま東京大学新聞の取材を受けて、雑誌やテレビへと仕事の場が広がっていきました。メディアの道に行くほど、弁護士事務所が求めるような伝統的な弁護士のあり方から離れていき、結果的に仕事をアサインされなくなってしまった。

でも、これほど職場で評価されていないことを誰にも知られたくありませんでした。親に知られるなんてもってのほかです。自分が陥っている状況や改善策について誰かに相談することができなかった。

そうこうしていた、ある日、所内にあった自室（弁護士は皆、自室を与えられていました）に私が所属しているグループのリーダーの先生が入ってきました。「きっと仕事ぶりについての話だ」と感づき、実際に何と言われるか分からず不安でいっぱいになりました。

「今のままだと事務所を辞めてもらわないといけない」

その先生の言葉を聞いて、私は言いました。

「そういう評価であることは存じ上げています。そういう話をするのもお嫌でしょうから、先生にご負担をおかけして申し訳ありません」

すると、「そんな思ってもいないことを言わなくてもいいよ」と言われてしまったんです。その言葉にも深く傷つきました。「こんなに一生懸命やっているのに。何もそんな言い方しなくてもいいじゃない」と。

そのとき既に米国のハーバード大学ロースクールへの留学が決まっていました。留学前は、通常、職場から「留学後、事務所に戻ってきてほしい」「戻ってきてもいい」「戻ってこないでほしい」という方針が言い渡されるのが慣例でした。

私は留学前に辞職を言い渡されたため、留学費用は自己負担となり、経済的にも大変な状況になりました。

そんな心折れた状態で転職活動を始めました。弁護士事務所のＯＢに、弁護士のリクルーターをしている方がいたので相談したところ、親身に話を聞いてくれてとてもありがたかった。そして、その方から紹介された弁護士事務所に面接に行くことになりました。

でも10カ所ぐらい回った結果、すべて断られました。「派手すぎる」「プライドが高すぎる」「うちに来て何をしたいのか分からない」などが不採用の理由でした。

私は大学卒業時、就職活動を始める前に早々と財務省への入省が決まったので、就職活動はほぼ未経験。面接で否定され続けることが初めてで、精神的にこたえました。結局、転職先は決まらず、２０１５年２月に弁護士事務所を辞めた後、自分の事務所をつくり、外国人の弁護士の方の事務所に間借りすることにしました。

弁護士事務所を辞めるときは、とても恥ずかしくて皆さんに合わせる顔がなく……。秘書の方からの「最後のごあいさつができず、残念でした」というメッセージ付きの花束がデスクに置いてあるのを見て「悪かったな」と思いました。最終的に、事務所を間借りすることができてよかったと思っていたところ、突然、所属グループのリーダーだった先生から連絡が来たんです。「落ち着く先があってよかったね」と。私からは何も伝えていなかったのに……。

すべてを相談していたリクルーターの方が私に関する情報を、すべてその先生にも伝えていたのかな、と思い、また傷つきました。リクルーターだけは味方だと思っていたので。

そのときにはもうメンタルがボロボロだったということもありますが、「誰も信用できない」という心理状態に陥りました。その状態で4カ月後の6月に米国へ、逃げるように飛び立ちました。

これが人生の中の一番大きな飴玉です。でもその渦中にいたときはただただ傷ついていたので、「これが未来の飴玉になる」なんていう認識はこれっぽっちもありませんでした。「とにかく何とかして、自分の人生を収めるべきところに収めなければいけない」という焦りでいっぱいでした。

★財務省と弁護士事務所を辞めたときの自分にあげたい、飴玉アドバイス

もし今、目の前に、当時の私と同じぐらいの年齢で同じような経験をした人（もしくはあのときの自分）がいたら、「どうして、扉を1～2枚開けただけなのに、ドンピシャでそこに自分のための居場所があると思っていたの？」と聞くと思います。「そんなことはあまり起こらないんだよ。あなたが1つ、2つの職場で数年働いて『ここに居場所がない』と思っても、それは極めて普通のことだよ」って。まあ、当時の私が私からそう言われてもあまり納得しないだろうとは思いますけど。

でも映画監督のスティーヴン・スピルバーグ氏が語った言葉によって、腹落ちできました。ハーバード大学ロースクールの卒業式で、スピルバーグ氏が登壇して

スピーチをしたんです。

「12歳のときに父からカメラをもらった。それ以来、この道具を通して私は世界を理解してきた。大学2年生だった私は、ユニバーサルスタジオから夢の仕事をオファーされて大学を中退した。18歳で自分自身が何をしたいか明確に理解しているのは幸運なことだった。だが、私は自分が何者であるか分からなかった。なぜなら人生の最初の25年間、私たちは両親や教授といった権威の声を聴くように訓練されてきたから。だけどときとして権威の言葉に疑問を抱くようになり、初めて自分の内なる声に耳を傾けるようになる。あなたの理性はあなたが何をすべきかを叫び、直感はあなたが何をできるかをささやく。直感に耳を澄ませなさい。それ以上にあなたを形づくるものはないのだから」

彼のこの言葉を聞いて「あ、そうか。私はこれまで、『他人がいいと思うところ』という基準で財務省と弁護士事務所の扉をたたいただけで、何をしたいかを思い悩んだりもしないまま、自分の居場所をすぐ見つけられると思っていたんだ。私のほうが思い上がっていた」と思えました。よほどの幸運の持ち主でもない限り、他人基準じゃない自分の基準で居場所を見つけるなんて簡単にはできないこと。ある職場で働き始めた後、我慢して同じ職場に居続ける人もいるし、辞めて次の職場の扉をたたく人もいる、中にはそこで天職を見いだす人もいる……というだけのことです。

私は過去の自分に、こう言いたいです。「あなたは、次にたたく扉があっただけ幸せだったよ。たたける扉が多ければ多いほど幸せなんだから、辞めたことを嘆く必要なんてなくない？」と。たぶん当時の自分がそう聞いたら「おお、そんな見方があったんだ。これは挫折じゃなくて、次につながるチャンスなんだ！」と納得する気がします。

今になって「もし、弁護士事務所で頑張って働き続けていたらどうなっていたかな」と考えることもあります。実態を見てみると、弁護士時代の女性の同僚たちは、ほぼ全員が、私が勤務していた事務所を去っています。多くの場合、育児と仕事の両立に悩んだ末の決断のようです。結婚後に働くことを辞めた人もいれば、時間に制約がある人でも働きやすい事務所に移って弁護士として働いている人もいます。

弁護士の仕事は、長時間、拘束されることが多いです。例えば、M&Aは花形と言われる分野ですが、M&A専門の弁護士になると、どんなときでもすぐにクライアントの要望に応える必要があり、要望があれば夜中でも休日でも働かざるを得ません。そのため、家事・育児はほかの家族などに任せ、24時間365日働ける態勢を用意できた弁護士が多くなります。

でも、中には、結婚・出産後も、専門スキルを武器にして働き続けられる分野もあります。例えば、環境法や独占禁止法などはそうした分野だといえると思います。こうした分野であれば、努力次第では「この仕事はぜひあなたに任せたい」

と言われるような高いスキルを身に付けられるかもしれません。そうなれば「子どもが寝た後に、担当部分のドラフトを送ります」といった仕事の仕方も不可能ではない。その立場を得るためには、多大な努力が必要になるとは思いますが。

また、職場において、職場から求められるタイミングで、求められるアウトプットを出すことができなかったとしても、「今はまだ力不足なのだから、仕方がない」と割り切って、粘ってキャリアを継続し、諦めずにスキルアップを重ねていたら、突如、キャリアが開ける瞬間が訪れたかもしれません。

でも、私の場合には、職場に一人も相談相手を見つけられず、そうしたキャリア展望を描くこともできず、退職することになりました。

だから皆さん、もしまわりにキャリア展望を見いだせず困っている部下や後輩がいたら、自分の飴玉を差し出して、「大丈夫だよ」と声を掛けてあげてほしいのです。

コラム❷ 日本の教育について言いたいこと

日本の教育については、社会に出たときの「評価基準」と教育の世界での「評価基準」が離れすぎでは？と言いたいです。私は学校教育の場では高く評価されたのに、その後で社会に出たときに全く評価されなかったことで、ものすごく傷つきました。だからこの2つの基準を近づけてほしいと思います。

まず、職業にもよりますが、社会に出た後は、書くことより話すことで評価されることが多いと感じます。例えば、会議で発言する、大勢の前でプレゼンテーションする……。また、職場でまわりの人と普通に行うコミュニケーションも、仕事を気持ちよく進めていくためにはとても大事ですよね。少なくとも私は学校で話し方を学んだり、話す試験を受けたりしたことはありませんでした。学校教育に「話すこと」に関する学習や試験を盛り込むべきだと考えます。

私は社会人になってから「話し方」を相当練習しました。事務所に入ったときに話し方がべたべたしているという指摘を受け、アナウンサーの講師と一緒に特訓しました。今でも話に夢中になるとついものすごく早口になってしまうので、意識して直すようにしています。

米国の教育では、ジェスチャーなども含めて、学校でパブリック・スピーキングについて学ぶ機会があります。ハーバード大学ロースクールに留学していたときも、ランチセミナーでプレゼンテーションの専門家に、プレゼンテーション中の効果的な身ぶり手ぶりについて学んだことも。「こうした内容は日本の学校教育でも教えるべきなのではないか」と感じました。

現状の日本では、天性で話し方がうまい人だけが評価されて、そうではない人の多くが、その大切さに気づかないまま通り過ぎてしまっていると感じます。

また、インプットとアウトプットのアンバランスさも気になります。時間の長さに注目すれば、日本の学校の勉強は「一科目、インプット半年、試験90分」といっても過言ではありません。でも、社会に出たら、そんなに悠長にインプットさせてもらえません。私はインプットが大好きですが、社会で評価されるのはアウトプットの部分である場合が多いと感じています。インプットとアウトプットの時間や量、質のバランスを、もう少し社会の実態に合わせる必要があると思います。

婚約者との突然の破局

ここからは、3つ目の特大飴玉の話です。私は、自分の人生について「30歳になる頃には結婚するだろう」というイメージを持っていました。母が29歳で結婚したので「そういうものなのだろう」と。その後、30歳になって結婚していなかったときも、「今はまだ結婚していないけれど、いつかは結婚するだろう」と思っていました。

そして、留学前、31歳のとき、会社員の男性と結婚を前提にお付き合いを始めたとき、「そうか、私はこの人と結婚するために生まれてきたんだ」という感覚がありました。彼と9カ月ほど付き合った頃、米国に留学する時期が来て、帰国後に結婚しようという話になっていました。

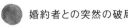

相手の男性はとてもステキな方で、賢く、誠実で、私のことをとても大事にしてくれました。留学前に同居を始め、お互いの両親にも紹介し合いました。留学中もお付き合いを続けていたのですが、留学が終わる2カ月前に突然、「もう終わりにしたい」というＬＩＮＥが届いたんです。

私は慌てふためき、「今すぐ会いに行きたい」と返信しましたが、「会っても話すことがない」と取り付く島もありませんでした。ニューヨーク司法試験の直前でしたが、一時帰国も可能ではあったので、翌日の成田空港行きの便の空きを調べるまではしましたが……。あのとき、何を言われても帰ればよかったのかもしれないな、と今振り返ると思います。

とにかく、そのときできる最善を尽くそうと、パソコンのワードに思いの丈を打ち込み、それを見ながら便せんに清書しました。便せんが何枚にもわたったのでナンバリングしたのを覚えています。「彼を取り戻すために一生懸命書くんだ」

と思って何時間もかけて書いた手紙ですよ。さらに2人の思い出の写真をアルバムにまとめて同封してエアメールで送りました。

そのとき、ふと約1年前のワンシーンを思い出しました。留学のためにボストン入りしたとき、彼は仕事を休んで一緒に飛行機に乗り、ハーバード大学まで付いてきてくれたんです。生活に必要な物を一通り準備し終え、日本へ戻る彼をボストンの空港で見送ることになりました。その空港で、彼は私がかけていた黒い大きめのサングラスをヒョイと手に取って、自分の顔にかけたんです。「何?」と笑って彼からサングラスを取ったら、彼の目に涙がたまっていました。「彼はきっととても寂しかったんだ」……。遅ればせながら気づいても、もう後の祭り。

それからも彼からのLINEを読み返し、「あ、彼はこのとき、とても寂しかったんだろうな。私は取り返しのつかないことをしてしまった。本当に大事な人を失ってしまった」と思いました。もう少し早く気づいてケアできていれば何か変わっていたかもしれない――。涙が止まらず、勉強が手につきませんでした。そんなことは後にも先にもあのときだけです。

それから少しして、分厚い封筒が届きました。「あれ？」。目を疑いました。それは私が彼に送ったエアメールでした。「がーん！」。封筒の差出人と宛先の位置を逆にしているではないか！！　痛恨のミス……。

日本語と英語だと書く場所が逆じゃないですか？　私、面白すぎてそのとき笑っちゃったんですよ。「ハハハ、ウケる～」って。そして、ちょっとラクになりました（弁護士事務所を辞める前に「いのちの電話」に電話をして話し中だったときと同じ）。これが3つ目の特大飴玉です。

いきなり別れを告げられた原因は、私にあったと思います。私は目の前のことに全力で集中するタイプです。留学中は勉強を優先して、彼の優先順位を下げていました。「留学中の1年間は勉強に集中すべきだ。帰国後は彼とずっと一緒にいられるのだから、今は勉強が一番大事！」と思っていました。

この「目の前のことに120パーセント集中する」というのは、私が人生において意識して実践してきた方法です。パソコンのデスクトップには、ファイルを複数同時に開くことができ

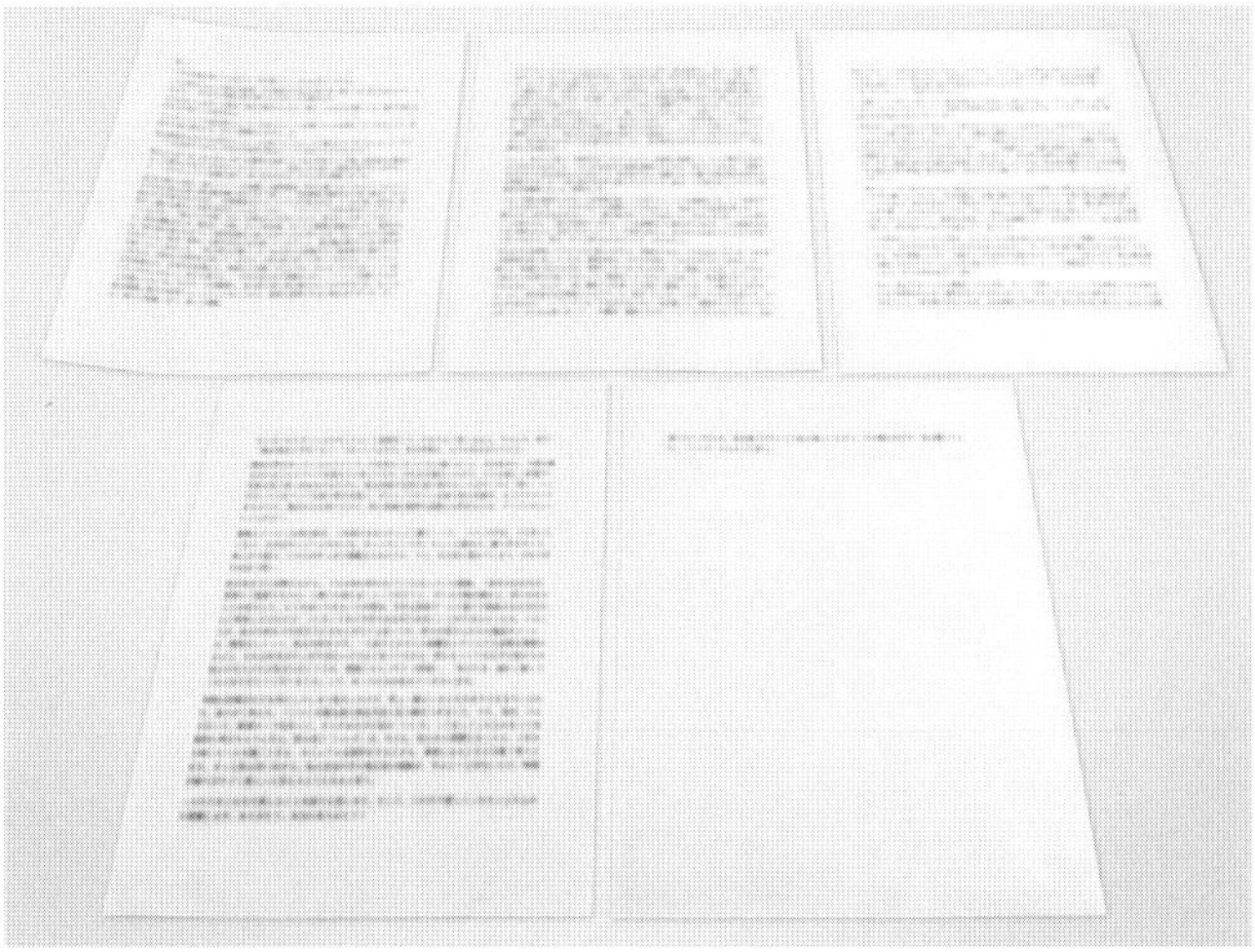

このときの手紙の文章はどうしても消去できず、パソコンに保存してあります。A4で5枚もあるんですよ、これ。ワードで5枚だから、便せんにしたらもうすごく長くて。今となっては少し気持ち悪くて、自分でも引いちゃう（苦笑）。もう笑い話にできるようになりましたが、当時の私は必死でした

ますよね。まさにあのイメージです。複数のファイルを同時に開きつつ、最前面のファイルに全力で取り組む。それが一件落着したら、次のファイルを一番上に表示させて全力で取り組む、という感覚です。最前面にあるファイル以外の物事の優先順位の下げ方が尋常ではないのだと思います。これが私がこれまでの人生でさまざまな競争で勝ち上がるためにやってきたことです。「今はこれ。それ以外のことは絶対にしない」と。

それを彼にも当てはめてしまったのが問題でした。ハーバード大学での勉強は本当に大変だったので、留学中に彼がメッセージを送ってくれてもちゃんと応えられなかった。留学中、彼が米国に会いに来てくれたときもしっかり対応できなかった。わざわざ時間をつくって、旅費もかけて来てくれていたのですから「もっとコミットしてほしかった」と思われても仕方がなかったでしょう。それなのに私は「山ほど宿題があるのだから、遊びに来られても困る」と言ってしまったらしいです……（最悪なことに、私はそれを覚えていない）。留学前の交際期間が長くて、互いがどんな人なのかをもっと理解し合えていればまた違ったのかもしれないですが、とにかくあのときの私は未熟でした。

彼との結婚が破談になり、自分の「結婚」のプランが崩壊したときのショックも非常に大きかったです。「人生計画のすべてが崩れてしまった」と思えて。33歳で帰国して以後の出会いは、驚くほど減ってしまいました。彼と一時、築くことができたような深い親愛の上に成り立つ関係を、改めて誰かとの間に築くことが、どんどん難しくなってしまっていることに気づきました。

もう一度、ハーバード大学に留学したばかりの頃に戻ることができたなら、もっとうまく振る舞えると思います。例えば、彼が仕事を休んでボストンに来てくれたときには、ちゃんと優先順位を入れ替えて、彼への感謝や気持ちを伝え、彼が帰国したら勉強に戻る、というふうに。

でも、もし、今日の前に当時の私がいたら「そうすべきだよ」と助言することはないのではないかと思う自分もいます。すべてが終わった後に気づいたことがあるからです。

実はちょっとだけ気になる発言がありました。「男友達数人に『東大を首席で卒業した女性と、そこまで頭は良くないけれどかわいい女性がいたら、どっちを選ぶ？』と聞いたら、僕以外、全員後者を選んだよ」と言われたことがありました。そのときは聞き流していましたが、かすかに抱いた違和感がいまだに心に残っています。

彼にとってあの発言は私に対する愛情表現だったかもしれない。大事に思っているものを自分の世界に囲い込む、そういう愛情表現も確かに存在します。だけど、私があのとき抱いた違和感を考えてみると、「男性が女性を選ぶ」という上から目線が気になったのかもしれない。「東大首席」と「頭は良くないけれどかわいい女

ハーバード大学ロースクールの卒業式。卒業証書はすごいスピードで渡されるのですが、友達の友達がうまく撮ってくれました

性」という分け方が気に入らなかったのかもしれない（「東大首席のかわいい女性」と、だったらよかったのか？ 悶々《もんもん》）。

もしかしたらその後、2人で結婚して生活を続けていたら、こうした違和感が時々生じていたかもしれません。そしてそれは、私が自分の可能性を追求して、広い世界に羽ばたいていきたいと思ったときに、彼の知る世界の中で大切に保護してあげようというタイプの愛情は何かしら引っかかる要素になっていたような気もします。その都度、互いに丁寧にコミュニケーションして、価値観をすり合わせていけば成熟したパートナーシップを育むことができたかもしれないな、と思う一方、自分が常にその努力を継続できるか、今でも自信がありません。

★結婚を前提にして交際していた相手と別れてしまった人への飴玉アドバイス

もし私と同じように結婚を前提に付き合っていた相手と別れてしまった人が目の前にいたとしたら、「あなたは何が一番つらいの?」と聞くと思います。好きな人に去られたことなのか、計画していた通りの結婚や人生計画が崩れたことなのか。

もし仮に後者であれば、「ある年齢までに結婚するというイメージは、親の世代や社会による刷り込みである部分が大きい。そこからはみ出してもなお、人生の中で、自分の思いを実現することはできる」と言ってあげたいです。

コラム❸ 今だから言える、私のズルい本音

ハーバード大学ロースクールへの留学は、日本に居場所を見つけられなかったので、逃亡に近かったですよね。「予想だにしなかったひどい挫折から、キラキラ大逆転をするには留学しかない」と当時の私は思っていました。弁護士事務所を辞めさせられても、帰国後「結婚を機に仕事をセーブする」という流れにすれば、傍《はた》から見ても違和感がないはずだし、結婚生活を営みながら、何とか窮状を整理して立ち直ることもできるのではないかという思いもありました。

留学前に結婚していれば、また違う人生が開けていたかもしれませんが、ここが私の計算高いところで、「留学中にもっといい人と出会うかもしれない」という思いがどこかにあったような気もするのです。それも私の大きな失敗。きっとその本音が、彼には透けて見えたのでしょう。

これは私の思考の癖でもあって。

例えば、洋服を買っても「もっといい服があったかもしれない」と思うし、株を売っても「待てばもう少し高くなっていたかもしれない」と思ってしまう。

買い物や投資などであれば別に問題ありませんが、この感覚を人に適用してはいけない。彼に振られたときに、全く彼を責める気持ちにならなかったのは、自分の中にそうしたズルい本音を自覚していたからだと思います。

コラム❹ 男性との関係では傷つくことが多い

私は男性との関係では傷つくことが多いです。好きになる男性は上昇志向タイプ。そうした男性には、私のような「上昇志向の塊」みたいな人よりも、陰で支えてくれるタイプの人のほうが相性がいいのかもしれません。私はそういうタイプではないから、傷つく結末になる。それでいて私は繊細で傷つきやすい面もあり、いちいち傷ついて最悪な展開を妄想してしまいます。

例えば、「私が彼に送った重い内容のメールを、今彼は会社のミーティングで回覧しているに違いない」と妄想して、一人で勝手に落ち込んで、精神が不安定になることも……。友達には「自意識過剰だよ。人はそれほどあなたのことを気にしていないし、そんなに悪意で生きていません」と言われますが、これはもう仕方がないんです。

収入激減　仕事のない、苦しい1年間

彼に別れを告げられて、悲しみと絶望の中で帰国し、最近のうちは短期賃貸マンションで過ごしました。帰国後、結婚する予定だったので、住んでいた家は渡米前に引き払い、家具もすべて処分済み。彼に連絡をして会うことになりましたが、よりを戻すという話にはならず、帰りは短期賃貸マンションまで送ってもらいました。

この短期賃貸マンションがまたつらかったんです。きれいではなかったし（正直、汚かったし）、郵便受けに前の住人の方宛ての借金の督促状が届いて心がささくれ立つことも……。2カ月後、六本木の敷金・礼金なしのワンルームを探して引っ越しました。

当時は仕事がほとんどなく、月収は数万円でした。ハーバード大学留学の関連書籍を出していたため、その印税やちょっとした原稿へのギャランティーが振り込まれる程度です。国民健康保険の保険料は前年の収入で決まるので、支払いが月々数万円。貯金がないわけではなかったにせよ、収入より支出が大きく、毎月赤字でした。「生きれば生きるほど赤字額が増えていくという状態は、人の精神をむしばむ」ということをそのとき知りました。

弁護士時代の友人と会うこともありましたが、みんな支払いのときに簡単に一万円札を出します。そんな中、自分だけ出さないわけにもいかず、とてもつらかった。

一方で、転職活動をしようという気も起きず、これからどんなキャリアを描いていけばいいのかも分からなくなりました。日本で弁護士として仕事を再開するには、留学前に止めていた日本弁護士連合会の弁護士名簿へ再登録しなければいけないのですが、以前の経験により、その後、弁護士としてまた働こうという気にはなれませんでした。また、弁護士事務所を辞めたときの転職活動のつらさが忘れられず懲りてしまった、という面もありました。

収入が激減していることは誰にも言えず、逆に派手なファッションをしていました。気丈に振る舞っていましたが、人生の先行きが見えず、不安でいっぱいでした

食費の余裕もなく、1食入りのカップラーメンが高くて買えなかった。1袋5玉入りのインスタントラーメンを買って、ラーメン1玉を半分に割り、水菜を浮かべて食べていました。まな板も包丁も買えず、「これはかじれる？　これはちぎれる？」と悩みながら、スーパーでトマトやキュウリを買って。もやしもよく食

べましたが、少し高い豆もやしは買えなかった。冷蔵庫や洗濯機はかなり古い型の品を人から譲ってもらって使っていました。

そういえば、フェミニズムを勉強していたとき、「フェミニズムは豊かな人の学問」と聞いたことがあったのを思い出しました。「豊かな人の学問」というのは、有産階級で生活に何の問題もなく、経済的な余裕のある人たちが学ぶものという意味です。収入が激減し、初めてその意味が分かりました。経済的に苦しいときは、生活全般に対する不安が大きくなり、「女性だから……」と考える余裕はなくなるんです。

結婚話が消えたことはLINE電話で妹に伝え、両親に伝えてもらっていました。でも、収入が少ない現状は家族を含め、誰にも言えませんでした。

2017年4月、妹が北海道から上京して、都内で私と二人暮らしをすることになりました。それまで妹は北海道で皮膚科医として働いていましたが、都内の病院に国内留学することになり、上京。私は六本木の1Kから千代田区の2Lに先に引っ越して妹の到着を待っていました。

六本木での一人暮らし時代の延長でテーブルも椅子もなく、引っ越し用の段ボールがテーブル代わり。食事時は段ボールに食器をじか置きで、テレビは床の上に直接置いていました。洋服は段ボールに収納。「少しは温かみがあったほうがいいかな」と思って、段ボールの扉部分を中に折り畳み、段ボールを3つぐらい重ねてタンスに見立てて、中に洋服をしまっていました。自分なりに「ステキ」にしていたつもりでした（苦笑）が、それを見た妹に「全く文明の香りが感じられない」とあきれられて……。妹が手頃なソファなどを買ってきてくれて、家に家具が増えていく光景を見て「そうか、これが暮らしというものか」と思いました。

収入が減っていることを妹には言えず、生活費の多くは割り勘でした。私が立て替えるものも多く、妹にも払う気持ちはもちろんあったのですが、家族同士だからかルーズになりがちで、なかなか払ってもらえなかった。私があるとき、きつめに「ちゃんと払って」と言ったら、「え？ いつ払っても同じじゃない？」と言われました。当時の私にとっての数万円は死活問題でしたが、妹にそれを打ち明けることはできず……。私の中には「姉たるものは……」という思いがあり、たった1歳違いでも常に「姉らしい」振る舞いを大事にしていました。その姉がこんな状態であることを、妹には口が裂けても言えなくて。

そもそも弁護士事務所を「辞めさせられた」ことも言えておらず、「自分から辞めた」と話していました。今になって妹に聞くと「大体、実情は分かっていたよ」と言われますが。「だって、いつお姉ちゃんにＬＩＮＥ電話してもすぐ出るんだもん。お母さんと『職場で仕事をさせてもらえていないんじゃないかな？』って話してたよ」って（涙）。

貯金を切り崩す毎日。でも、親に金銭的支援を頼むのはどうしてもプライドが許さなかった。

東大大学院に入学して勉強しようと思い立ちましたが、授業料は年間約50万円。収入が少ない学生は入学料や授業料を免除してもらえる制度があり、申請したかったのですが、そのためには親の所得証明書などが必要になります。結局、親に言い出せず、免除制度は使えませんでした。

それまで、私には家族の出世頭のような意識がありました。それがいきなり「家賃と保険料を払ったら赤字」という経済状態になり、そこから抜け出す見込みも立たず。「このまま人生という山を登れないのかもしれない」と思い、長期的視野で物事を考えられなくなってしまいました。日々を生きることで精いっぱい。毎日、神社にお参りに行きました。

弁護士の先生にリサーチの仕事を振っていただけたとき、「このリサーチの仕事を続けられますように」と祈ったことも。でも、悪いことは重なるもので、その弁護士の先生が多少難しい方で、どこかが気に入らなかったのか、縁を切られてしまった。何をしてもうまくいかないときってあるんですね。そんなときはあがいても仕方がない。でも、私はあがかないではいられない性格です。とはいえやることもないので、神社に行って「何とかこの人生の運気が変わりますように」と祈っていたわけです。

そんなときに財務省の森友学園問題が起き、所属事務所を通してテレビ出演の依頼が舞い込みました。次第に生出演の機会が増え、それがうまくいき、毎朝放送される情報番組のレギュラーとして呼ばれるようになりました。「よかった、私にもやることができた」というのがそのときの正直な感想です。それまでは本当に毎日やることがなくて困っていましたから。

そして、自分のまわりの世界がパーッと変わっていくように感じました。社会に出て初めて「評価される軸」に沿って再び登っている感覚がありました。

大学生時代まではずっとその軸に沿って登っていたんです。でも、社会に出て一度その軸から落ち、足元にはトランポリンなどもなく、「このまま落ちていくもの」と思っていた。そうしたら突如、もう一度評価される軸に戻って登り始めることができた。

メディア出演のチャンスを得たときは、夢中でした。求められる情報を調べて、全力で本番に挑むという繰り返しでしたが、「今、何かをつかみかけているかもしれない」という手応えがありました。その頃にはもう神頼みはやめていました。「結局、救ってくれるのは人間だけだな」と思って。神様に感謝はしていますし、信心深いところもありますが、神様にお願いするよりも、頂いた仕事に対して最大限のリサーチをしてアウトプットをするときのほうが、評価される「軸」に沿って登っている実感がありました。

頂いた仕事に一心不乱に取り組んでいるうち、18年3月ごろになってやっと自分を振り返る時間が生まれました。財務省に関するコメンテーターは番組内では「専門家」枠だったので、話題の収束とともに出番も終了します。でも、財務省の不祥事の報道が落ち着く頃には、ある程度の収入が定期的に入るようになり、生活を赤字にせずに運営できるようになりました。そして、やっと過去に負った傷を客観的に見られるようになりました。

今でも仕事が忙しくてつらいときには、「あのときを思えば、これだけ仕事があることは本当にありがたいこと」と思っています。

16年8月に米国から帰国し、17年4月に東大大学院の修士課程に入学。同じ年の夏ぐらいに財務省の不祥事をきっかけにテレビ出演の話が入り始めたので、金銭的につらかった期間は1年間ぐらいです。

これが5大飴玉の4つ目です。

今は、メディアのコメンテーターと、大学における研究者という2つの職業の間を行ったり来たりするのが私のキャリアの在り方かな、と思うようになりました。

以前は、何か1つのことを突き詰めていくことのほうが自分に合っているのではと思って挑戦してみましたが、おそらく、その方法は私には合っていなかったのでしょう。なぜなら、1つの道を突き詰めて折れてしまったときに、私自身も同時に折れてしまったから。だから私は2つぐらいの柱を立てて、その間を行ったり来たりしながらキャリアを歩んでいくのがちょうどいいんだろうな、と今は思っています。

★収入が激減している人への飴玉アドバイス

幸運にもあの状況を抜け出すことができましたが、場合によってはうまくいかなかった可能性だってあったでしょう。でも、「永遠にツキが回ってこないことはない」とも思います。もし今、そうした状況に陥っている人がいたら、「今はすべてがうまく回らない時期。だけどここをやり過ごせば、すべてのことが好循環になる時期が来る」と伝えたいです。

「貧すれば鈍する」にはならないように、犯罪には手を染めないで。万引なども絶対ダメです。まっとうに生きてほしい。

そして、すべてが好循環で回るタイミングが来たときに上昇気流に乗れるような準備をしておく必要があります。

私の場合、最初、やることがなかったのがとてもつらかったのですが、東大大学院に入ったら少し気持ちがラクになりました。学生で「月数万円しか収入がない」というのは普通ですから。こんなふうに何かしら目的意識を持つというのはとてもよいことだと思います。

月収が少なかった頃の名残で、私は今もすごくケチです。余計な支出は避けたいので、通話にはガラケーを愛用。スマホはDMMの格安SIMで通話ができない契約で使っていました

コラム❺ 博士論文を提出したときの小さな飴玉

ここで小さな飴玉話を1つ紹介します。東大大学院で学んでいた私は、2019年11月に博士論文を提出しなければいけませんでした。その準備の一環で、同年7月の基礎法研究会において、博士論文の内容を発表したときのことです。

私の博士論文の発表を聞いていた先生の一人に、東大大学院で天才と呼ばれていた准教授がいて、その先生に論文の穴を山ほど指摘されました。もともと絶対の自信があったわけでもなかったのですが、容赦ない攻撃を受け、精神的にボロボロになり、「今すぐこの壁に溶けて消えたい」と思いました。論文は2〜3年かけて考えたことを詰め込んだ、私にとっては子どものようなもの。その内容を完膚《かんぷ》なきまでに否定され、かつ、その指摘がすべて正しいというのは本当につらかった。翌日、東大の法学部研究室図書室にある机に座り、大泣きしました。

「もう無理だ。（博士論文という）荷が重すぎて、絶対に抱え切れない」

しかし、絶望したものの、どうにかしなくてはならず、学部生時代からお世話になっている教授に電話で相談しました。すると「目次だけ持ってきなさい」と言っていただけて。すぐ目次を持って走っていったら、その場で目を通し、パパパッと手際よく組み直して「目次が間違っていたんだよ。これとこれはこうつながっているんでしょう？ 大丈夫。これで行けるよ」と新しい目次を示してもらえました。その教授は常に「目次から先につくる」というタイプ。私は書くほうから始めるタイプ。構成から決めるのではなく、書いていくうちに物語が立ち上がる、という順番で仕事を進めるのが好きなのですが、教授から指針を示してもらって、どうにか論文を形にすることができました。

でも、ここで、もう一つ私の欠点というか、特徴があって……。私は常に締め切りギリギリになってしまうんです。この博士論文も例外ではなく。妹に「前日には印刷しなさい」と忠告されたにもかかわらず、締め切り当日の昼間まで文章を推敲《すいこう》し、17時の締め切りに間に合うよう、昼に印刷を始めた。そしたら、印刷機がまさかの故障（泣）。

すかさずコピーサービス店に駆け込んで両面印刷をしたのはいいのですが、次なる問題が浮上。穴開けパンチがない！　私の博士論文は300ページ近く。しかも、5部提出しなければならないのに、そのお店にあった穴開けパンチは5枚ずつしか穴が開けられなかった。東大の図書館に駆け込みましたが、「パンチはない」と言われ……。ダメ元で行った東大の生協に、特大の穴開けパンチが3000円で売っていた！　東大の大学院担当の受付の方がとてもいい方で、何回も「大丈夫ですか？」と電話をかけてきて励ましてくれました。論文に付ける表紙だけはなぜかかなり前から準備していて。金箔が散らしてある妙な和紙（なぜ金箔？）。汗びっしょりで博士論文を提出したときに、「この表紙、要りました？」と突っ込まれましたが……。

とにかく間に合った。

思い起こせば、東大大学院のエントリーも締め切りギリギリでした。願書提出を決めたタイミングが締め切り日の1週間前。提出しなければならなかったハーバード大学ロースクールの成績表をコピーで提出しようと思ったら、「成績表は原本で」と言われ、冷や汗。それが締め切り当日の15時、締め切りの2時間前です。原本は米国から日本に送ってもらっている最中で、調べたら、江東区の集荷所にあることが分かった。電車で受け取りに行って、ギリギリ17時に間に合いました。

妹には「それを『ギリギリ間に合った』という成功体験として記憶してしまうからダメなんだよ」と言われます。時間に余裕があるとアドレナリンが出なくてやる気が出ないから、わざとギリギリまでやらない癖がついているんだよ、って。というわけで、私の人生はギリギリ話だらけ。

一方、妹は大事な書類を提出する必要があったら、受付期間の初日に速達で提出するタイプ。だから、私は何も言い返せません。グスン（でも、このギリギリ癖はどうしたって、もう直らないと思うんですよね）。

こういうつらさを乗り越えた経験は、やっぱり私にとって大事な飴玉です。「今日はもう疲れた。これ以上は走れない」という瞬間に、この飴玉さえなめればまた走り出せるから。

だから、つらい経験を意識的に頭の中で繰り返し再生するようにしているのです。例えば眠れない夜に「あのときのパートナー（弁護士）をいつか見返したい」という思いが湧いてきたら、「いつかあの弁護士事務所内で行われる講演会に、外部ゲストとして呼ばれるんだ」と、実際に相手を見返すときの情景を繰り返し考える……。こんな感じです。

小さい頃から空想を膨らませるのが好きなので、眠れない夜の楽しみです。「この飴はなめればなめるほど、味が深くなるな」と。そのときの感情が陰か陽かといったら陰に近いかもしれない。ダークファンタジーという感じでしょうか。

単に空想するのではなくて「必ずそれを実現するための道を私は歩んでいかなければいけない」「そのためにはやらなければいけないことがいくつもあって、それを一つずつこなしていかなければならない」というふうに考えます。

人生の中で、「飴玉が欲しい」と飴玉の材料を自ら進んで探し求めているわけではありません。むしろ私にとって飴玉は「怖いもの」なのですが、何か傷ついたからには何かをつかんで立ち上がらないといけない。そのときにつかむものが、私にとっては飴玉なんです。

コラム❻ 趣味は「読書」と「耳かき」

朝起きると、「その日にやらなくてはいけないこと」が頭の中にパパパッと並びます。常にタスクに追われていないとダメなタイプです。

仕事の移動で新幹線に乗るときも、好きな本を読むことは基本的にはありません。論文を何本か読み、一番いいと思う論文を選んで論評を書くなど、仕事をして過ごします。当然、ものすごく疲れます。あまりに疲れてタスクがこなせなくなったら、仕方がない。好きな小説を読みます。

でも、マイルールで週末の夜のお風呂タイムには好きな小説を読んでいいことにしていて、その1~2時間がすごく好きです。そのために生きていると言っても過言ではないぐらいです。

どういう本を読んでいるかというと、図書館に行ってジャケット借りします（タイトルや表紙が気になった本を借りる、という意味）。私の部屋は物であふれがちなので、本をたくさん買うと妹に怒られます。手元に置くのは著書と限られた数冊にして、あとは図書館を使ってね、と厳しく言われております（本の著者として、いかがなものか……）。面白いと思った作品に出合ったら、その作家の作品を次々に全部借りて読みます。今はジェフリー・ディーヴァーのミステリー・犯罪小説を読書中です。

読書は本当に好きなので、自分との取引にも使っています。例えば、あまり対応したくないショッキングなメールが送られてきたときに、「このメールにしっかり対応したら好きな小説を読んでもいい」ということにして、頑張って対処するという感じです。

あと、耳かきをするのも大好きです。あまりに耳かきをしすぎて耳が痛くなったことがあって、それ以後は水曜日と日曜日を「耳かきデー」にしています。

米国に留学したときにつらかったのは、耳かきを持参するのを忘れたこと。米国で探したんですが、見つけられなかったんです。なので、当時の婚約者が日本から持ってきてくれたときは本当にうれしかったです（改めて感謝！本当にいい人だったなぁ）。いまだにそのときの物を使っています。至って普通の木製の耳かきです。

大学生のときから耳かきが大好きでした。大きな試験の後ってなぜか耳垢がたくさん取れるんですよ（汚い話でごめんなさい）。耳の中も汗をかくのではないでしょうか。妹に「唯一の趣味だよね」と言われています。最近、実は耳かきをする必要はないとも聞きますが、私にはなくてはならないものです。水曜日は朝に、日曜日は部屋の掃除が終わった後に、ソファに座って耳かきをする。生きがいを感じる瞬間です。

コラム❼

人生に希望が持てず、つらくなったときは読書で乗り越えてきた

弁護士事務所で仕事をアサインされなくなったときも、留学後に仕事がなかったときも、癒やしてくれたのは本でした。

弁護士事務所時代の最後のほうは、17時になったら事務所近くの区立図書館に行き、22時の閉館時間までずっと小説を読んで過ごしていました。物語に没頭している間は嫌なことを全部忘れられたんです。仕事がなくて苦しかった六本木時代も、近所に図書館を見つけて通って読書をしていました。無職のときは昼間に図書館に行くと「私は無職です」と言っているような気がして行けなかった。なので、昼間は家でメルマガの原稿を書いて、長い時間をかけて推敲したり、スー

パーでゆっくり買い物をしたりして過ごしていました。図書館に出かけるのは18時ごろ。暗くなってから図書館で本を読みふけり、やはり閉館時間までいました。図書館での読書こそが一番の癒やしであり、息抜きでした。

つらいときほど、本を借りて外で読むのではなく、あえて図書館の空間の中に身を置いて読書をしていました。たくさんの本に囲まれている環境がすごく好きなんです。余談ですが、東大の大学院生などしか入れない図書館に、法学部研究室図書室があります。書庫が素晴らしくて「人生の最後は、ここにいたい」と思っているほどです。

物語は昔からすごく好きです。自分ではない何者かになれるから。最近では角田光代さんや桐野夏生さんなどの女性の作家さんの本が好きです。

つらい現実と向き合った　卵子凍結

プロローグで「縦のつながりをつくる」という話をしました。ここからは家の中での「縦のつながり」について改めて話をしたいと思います。

20代の頃には、「ふつうに結婚してふつうに子どもを産むのだろう」と思っていました。私は親に育ててもらったことや、親から与えてもらったもののすべてに深く感謝しています。そして、親に与えてもらったものを次の世代に手渡したいという気持ちがあります。

小学生のとき、母がゴミを分別しながら言った言葉を今でも覚えています。「自分の代のことだけを考えれば、ここまで念入りにゴミの分別をしないかもしれない。だけど、真由や真由の子どもが生きていく頃の地球を守るために、こうして分別をしているんだよ」と。そのとき「私も次の世代につないでいく存在なのだ」と初めて意識しました。

今、私のまわりにいる、子どもを持つ友人たちはみんな口々に「子どもを持つことは素晴らしい」と言います。私が「私も子どもが欲しい。なぜなら、親から与えられたものが大きすぎて、私も子どもに同じようにギブしなければ自分の人生の勘定が合わない」と言うと、「子どもは生まれてきてくれただけで、親に素晴らしいギフトをギブしている。だからそう考える必要はないよ」と言われます。それならば、私もその経験をしてみたい（子どもを持つという経験をしたい）と思うようになりました。

私は、ハーバード大学ロースクールの授業で、米国で盛んな生殖補助医療を知りました。「性と生殖の健康と権利（セクシュアル・リプロダクティブ・ヘルス／ライツ）」に関する授業で大きく取り上げられていたのがきっかけです。

婚約者に別れを告げられて、２０１６年に帰国。金銭的、精神的に苦しい時代を経て、ようやく落ち着いた20年3月ごろ、「子どもが欲しい」という思いをどうすれば実現できるか悩んでいました。

そんなタイミングで、男性の知人の一人から、「海外には従業員の卵子凍結を助成する企業があるんだよ。この流れはおそらく、いつか日本にも来ると思うんだ。それを見越して、日本で卵子凍結を広める会社を立ち上げたいと思っていてね。試しに卵子凍結のクリニックに行って、様子を聞かせてくれないかな」と相談されました。そこで「物は試しだ」と、早速、都内にあるクリニックの門をたたきました。

ここからは、私が体験した卵子凍結について話します。これが5つ目の大きな鮨玉です。凹《へこ》んだ日もありましたが、私にとって大事な経験です。

初めてクリニックを訪れた日、早速、AMH（アンチミューラリアンホルモン）値検査で卵巣年齢を算出してもらったところ、「卵巣年齢が50歳ですね」と言われ、相当落ち込みました。

ショックを受けると同時に、クリニックで受けた扱いに対して不当だとも感じました。待合室に所狭しと並べられたパイプ椅子で約2時間待たされ、やっと検査を受けられたと思ったら、とても雑な感じで結果を伝えられて失礼だと感じてしまって。例えば、ここが美容クリニックだとしたら、こんな扱いは受けなかっただろうと思います。

診察後には毎日の食事内容を記録し、摂取した栄養素を全部報告しなくてはなりませんでした。確かにその情報をクリニック側と共有すべきだということは理解できます。しかし、様々なコミュニケーションの仕方から、あたかも「あなたはいい卵子を採取するために生きるべきです」と言われているように感じてしまった。不妊治療クリニックでは、以前ある政治家が放った言葉と同様、「子を産む機械」のような扱いを受けていると思ってしまいました。

初めてクリニックに行った日の帰り道、電車で若いカップルを見て泣けてきました。「この人たちはこんなに若いのにお互いに相手を見つけている。おそらく『子を持つ』というゴールに対しては私よりも近くにいる」と羨ましくなって……。子どもを産むことに関して、自分の人生に少し絶望してしまったんです。

かつての私は「テストの点数」や「異性からもてるかどうか」で自分の価値を測り、その後は「職場における評価」で測っていた。そして、今度は、不妊治療の世界に足を踏み入れ、「子を持つというゴールへの近さ」で測り始めてしまったのでしょう。

とはいえ、「卵子凍結にはトライしてみたい」という思いはあったので、治療を受けるクリニックを探し始めました。

卵子凍結を、医学的適応（*）ではなく、社会的適応（*）で行うクリニックは、当時の日本には、まだそれほど多くありませんでした。さまざまなセミナーに参加し、クリニックに関する情報を集めた結果、卵子凍結の価格が手頃だと感じたAクリニック（仮名）に通うことを決めました。妹も一緒に卵子凍結を始めることにしました。妹は学生時代から生理不順で「お姉ちゃんの卵巣年齢が高いのだったら、私の卵巣の状態も良くないはず」と言っていました。

＊医学的適応…未婚の悪性腫瘍などに罹患《りかん》した女性が、その治療を行うことにより卵巣機能が低下する可能性がある場合に、妊孕性《にんようせい》（妊娠しやすさ）を温存するために凍結する

＊社会的適応…妊孕性が高いうちに、将来に備えて未受精卵子を凍結しておくという考え方に基づいて卵子凍結をすること

私たちは2人とも生理痛が重いほうでした。妹のほうが深刻で、学生時代の定期テストに生理が当たると、普段は100点近く取れるテストでも70点しか取れなくなるほど。ひどい腹痛で問題が頭に入らなくなったのだそうです。生理痛で学校の階段も上れず、それが原因で遅刻することも何度もありました。生理痛を軽減しなければ日常生活がままならなくなるという理由で、妹は高校時代から低用量ピルを飲み始めました。

私の生理痛は妹ほどひどくはなかったのですが、私の生理周期だとニューヨークの司法試験が生理2日目に当たることが分かり、それを妹に話したところ、低用量ピルの服用を勧めてくれました。でも低用量ピルを飲んだのにやっぱり試験当日が2日目に当たってしまったんですけどね。3カ月目ぐらいからは周期が安定してきましたが。

さて、卵子凍結に話を戻すと、低用量ピルの服用をやめた翌月から、早速、卵子凍結を始めました。当時、私は36歳。初めての採卵は忘れもしない、20年4月7日。最初「左の卵巣が見つからない」と言われて焦りましたが、実際は左の卵巣が小さかったようです。でも悲しいことに左の卵巣は空《から》で、右の卵巣から卵子が2個取れただけでした。

排卵誘発剤を使う治療法には、高刺激法、中刺激法、低刺激法など、いくつかの種類があります。現在ではＡＭＨの数値に見合う刺激法を選択するそうで、例えば高刺激法を選択すると、毎日、排卵誘発剤を打って、卵巣を最大限に刺激し、「少なくとも1回の採卵で5個は取りたい」という方法。でも私は、高刺激法を選んだにもかかわらず2個しか取れなかった。妹は高刺激法を選んだ結果、10個近く採れたので、「姉妹でも全然違うんだなぁ。不公平だな」と、少し嫉妬してしまいました。

妹はその後、採卵を月経周期一回分休み、次の月経周期で採卵するというサイクルで採卵を進めていました。私は残された時間が短く、一度に取れる個数が少ないため、私の年齢で確実に子どもが欲しいなら、「年齢分の卵子が必要」と言われたこともあり、1周期ごとに休んでいる暇はないと判断。年齢と同じ数の36個を取るとしたら、1回の採卵で採れる卵子の個数が2個だと仮定した場合、18回採卵しなければいけない計算になります。頑張らなくては！

その次の周期の前半は排卵誘発剤を中刺激法に替え、途中から高刺激法に戻すという方法を選択。そして今度は、卵子が7個も採れました。

とてもうれしかったですし、自信を回復しました。私の場合、ホルモン剤の影響で顔にニキビが出るのですが、そうした変化すらうれしく感じるほどでした。「このペースでいけば、思ったより早く、目標の36個を達成できるかもしれない！」と期待に胸を膨らませましたが、そんな私の横で、妹は一度に約20個の卵子を採れていたので、再び複雑な心境に陥りました。

そして、不妊治療はとても独特な世界だと感じるようになりました。患者一人ひとりの体験はバラバラなのに、その「1分の1」の経験を何か「絶対的なもの」として認識し、個人的にうまくいったことを周囲にアドバイスするという傾向があるように思ったんです。

例えば、子どもを何人も産んだ友人から、「私は受精卵を着床させたいときにはこうやって、それで成功して女の子を産んだ（だからあなたも女の子が欲しい場合は私の助言通りのことをすれば大丈夫）」と言われたこともありました。私からそんな相談をしたわけでもないのに。普段はとても賢い人が、科学的根拠に乏しい話を、さも事実かのように話す姿を目の当たりにして驚きました。そして、周囲からあれこれ言われるアドバイスが、ときには矛盾していることもあり、それでも言われたことがどうしても気になってしまうので、そのたびに戸惑いました。

さて私は、6月は採卵を休み、7月にまた排卵誘発剤の量を高刺激に戻し、卵巣の状態を見てもらうためにクリニックを訪れました。卵巣の検査を受けたところ、「卵子が2個しか育っていない」と言われました。「前回は中刺激法にして7個採れました。今回は最初から高刺激なのに、なぜ2個しか育っていないのですか?」と医師に質問したところ、まるでクレーマーを見るような目つきで見られました。私はクレームを言いたかったのではなく、もし自分に改善できることがあれば知りたかっただけでした。

仕事では自分なりに努力を重ねて一定の評価を得られるようになった。相手に何か質問したときに、雑な対応をされた経験は一度もなかった。それなのに、不妊治療クリニックでは素朴な疑問を呈しただけで、まるで「この人は、合理的に物事を考えられない人」という目で見られてしまう。そんな状況に抵抗を覚えました。

医師の発言を聞いて混乱したこともありました。ある先生からは「山口さんは卵巣の力が弱いから、排卵誘発剤を使って治療をしたら閉経しますよ」と言われました。でもその発言の科学的根拠は示してもらえませんでした。一方で、別のクリニックの先生からは「高刺激法でも問題ありません」と言われて、実際に高刺激法を選択しても問題は起きませんでした。クリニックや医師によって、治療の方針が大きく変わってしまう……。不妊治療はまだ標準的な治療方法が確立されていない分野なのかもしれません。

不妊治療に関するセミナーに受講生として参加した際は、積極的に質問するようにしていました。例えば、「未受精卵子の凍結は、受精卵を凍結する場合と比較すると、妊娠率は下がりますよね？」と聞いたこともありました。凍結卵子は受精卵に比べて安定せず、溶かしたときに生存しないものもあります。その結果「妊娠率が下がる」ということを示す根拠は、ネットにいくらでも出ているのに、あるセミナーでは講師の医師に「妊娠率は絶対に下がりません」と回答されたこともあります。

また、ある女性の医師からは「私も同じ女性だから、45歳を超えても卵子凍結をして、将来の妊娠・出産に備えたいという気持ちも分かる」と言われたこともあります。（妊娠率が大きく下がる）45歳以上の女性に卵子凍結を勧めること自体どうなのだろうと、疑問を感じます。45歳の女性の妊娠率を患者に伝えた上で「卵子凍結をするかどうか、よく考えてから決めてください」と伝えることが、医師のあるべき姿ではないかと思うのです。

聞けば、卵子を100個凍結している方もいるそう。卵子凍結は体に負荷をかけますし、治療や採卵、凍結した卵子の保管にもお金がかかりますから、「誰か止めてあげればいいのに」と正直思いました。

こうした経験を通して、不妊治療業界に対するある種の不信感が募っていきました。完全には信用できないものに対してお金を払い続けるという行為は、精神的にきつかったのですが、目標としている卵子の個数には足りなかったのも事実。7月28日に再びトライして3個の卵子を採取・凍結しました。この時点で私の凍結卵子は、14個になりました。

あるグラフによれば、凍結卵子が20個あれば7～8割の確率で子どもを持てるとあったため、「以後、2個ずつ3回取れたとして、6個。累計20個を目標にしよう」と決めました。

翌月の8月26日には自分で予定していた通り、2個採れましたが、施術後、仕事中にクリニックから電話が来て、1つの卵子が空胞だったと告げられました。

約20万円かけて、卵巣を目いっぱい刺激したのに、採れた卵子は1個だけ。

「ここは一度、卵子凍結から離れたほうがいいのではないか」

私はそう感じました。クリニックから電話が来て、「次の周期の採卵に向けて、必要な薬を送ります」と言われましたが、「いえ、大丈夫です。一度、お休みします」と伝えたところ、「分かりました」と回答されました。

私が受けていた治療方法では、排卵時期が分かったら何が何でもそのタイミングでクリニックに行かなければいけませんでした。そのタイミングで、遠方での講演スケジュールが入ったら……。実際、通院日と講演が重なったこともありました。その状況を医師に伝えたところ「では、今回の周期は無駄にするんですね？」と厳しい口調で言われました。「どうしても朝10時には羽田空港に着きたいので、9時10分にクリニックを出られませんか？」と相談してみたところ、「分かりましたが無麻酔で採卵しますよ」と言われました。結局、局部麻酔は打ってもらいましたが。

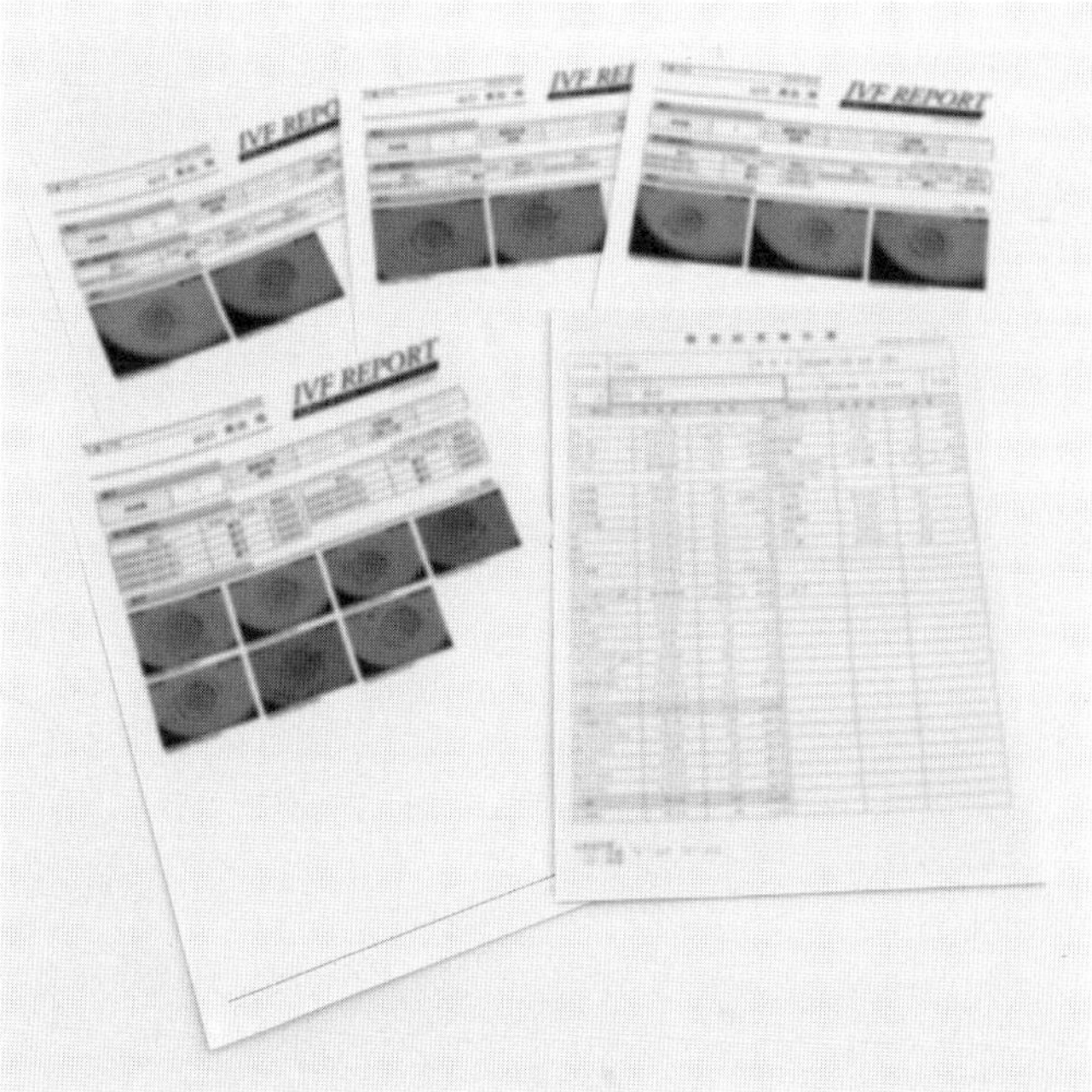

私の大切な卵子の写真。そして、50代レベルというAMH値が記入された検査結果の紙

ちなみに、採卵時の痛みの感じ方には個人差があり、私はあまり痛いと感じないほうですが、妹は痛いと言っていました。妹の場合、一度に20個以上の卵子を採るために器具が20回ぐらい出入りするわけで、その分、痛みを感じる時間が長いのかもしれません。

とにかく、社会的適応の卵子凍結は全額自己負担で安くない金額を払っているのに、「サービスを享受している」と感じられない経験が多かったです。選んだクリニックがたまたま患者に冷たい対応をしがちなところだったのかもしれませんが、もっと患者を温かく励ましたり、鼓舞したり、安心させてくれたりしてもいいのでは？ と何度も思いました。

20年8月、15個の卵子を凍結した段階で、卵子凍結はいったんやめることにしました。卵子を凍結しても、将来必ず、妊娠・出産できるとは限りませんから、凍結卵子はあくまでお守りという位置付けという認識です。しかし、一方で、女性は年齢を重ねれば重ねるだけ妊娠率が下がり、流産率が上がります。だから私は、卵子を凍結することで子どもを持てる可能性の期限を先延ばしにした、という感覚でいます。

「いつか自分の子どもが欲しい」という強い希望は変わらずあります。ここから先の話はまた別の機会にお話ししますね。

エピローグ

小さい頃、フルーツゼリーが大好きでした。いろんなフルーツの味のゼリーが一緒に袋に入っている商品が好きで、一番好きなのはブドウ味。母に「じゃあ、ブドウ味のゼリーだけ買ってきてあげようか?」と言われたことがありますが、その提案は断りました。いろんな味が入っている袋から取り出してたまたまブドウ味に当たるのが楽しいのであって、ブドウ味だけの袋の中に手を入れてブドウ味を取ってもうれしくも何ともないと思ったから。

この本で、私がずっと心の中で抱えていた飴玉について話しました。この飴玉も同じで、思い出してなめる飴の味がいろいろあるから楽しいのだろうな、と思うんです。今回の本で、5大飴玉についてかなり詳しく話してしまったので、もうこれからはこの飴玉をなめても味がしなくなるのかもしれません。

でも、私にとっての飴玉はなくなるのではなく、これから増えていくのかもしれない。今までのような「悔しい」味の飴玉だけではなく、「楽しかった」「面白かった」「幸せだった」と思ってなめる飴玉が。

飴玉という概念は、この本の編集担当者との打ち合わせでポロッと口にしたものです。私の中では長年付き合っている概念なので、とても自然に口にしたのですが、「飴玉って何ですか？　面白いですね」と聞かれて「え、これって面白いの？」と飴玉について詳しく話しました。

初めて飴玉を意識したのは、弁護士を辞めて、ハーバード大学ロースクールに行ったとき。米国でふと、弁護士を辞めたときのことを繰り返し思い出すようになって、「あの悔しい感情を繰り返し味わうのは、飴玉をなめている感覚に近いな」と思うようになりました。失恋したときも同じような感覚があって「あ、そういえば、これも飴玉みたいだな」と。

飴玉について人に話せるようになったのは、2022年5月に日経xwomanの取材を受けた頃のこと。

すべて、とてもつらい経験ですが、私の人生にはなくてはならないもの。

私はこの5つの飴玉から本当に多くのことを学びました。

それぞれの出来事の渦中にいるときは、傷が生々しくて、自分の身に起きたことを正面から見つめるのがつらすぎて、飴玉だとは到底、認識できません。でも、時間がたち、いったい何が起きたのか、何に傷ついて、周囲の人にどんな思いをさせてしまったのか、その結果、私は何を学んだのか……、といったことを俯瞰《ふかん》できるようになるときが訪れます。

その後もなお、ペロペロとその飴玉をなめ続けることで、私は傷を癒やしてきたのだと思います。

これらの出来事はすべて、私や関係者の心の中の柔らかい部分に触れる内容でもあり、第三者に話すタイミングや話し方にはかなり注意が必要だと感じます。つらい思い出ですが、自分にとってはかけがえのない経験ですから、笑われたり、バカにされたりしたら、当時の自分の大事な部分を改めて傷つけられるように感じるからです。でも、少しずつ、繰り返し、誰かに話すことによって、つらい経験を自分なりに消化できるようになり、飴玉と「自分の軸」を切り離して考えることができるようになります。そして、「自分の軸」をよりシンプルに、より太く、より強く、かつしなやかにしていくことができるのです。

皆さんにも私の飴玉と同じような、つらい経験はありませんか？　もう忘れていたふりをしていたけれど、実は頭の片隅に保管してあるつらい経験が。そろそろそれを引っ張り出して、正面から向き合ってみてはいかがでしょうか？

このつらい経験と向き合うときには、まず「書く」ことをお勧めします。

紙にペンで書いたり、パソコンに文字を打ち込んだりして、文字にしてみるのです。これなら自分一人でできます。書きながら泣いても問題なしです。

そして、書いた文章を読んで、違和感があるところがあったら直して、また読み直して……、という作業を繰り返してみてください。「この表現はちょっときつすぎるな」「相手を責めすぎているな」と思ったところを別の言葉に書き直しているうちに、しっくりくる物語ができてくると思います。このプロセスの途中でいろいろなことに気づくはずです。「もしかすると、相手は私を意図的に傷つけようとしていたわけではないかもしれない」と思うこともあるでしょう。

さらに、そうやって書いた文章を、時々読み返して、書き直してみてください。例えば、「5年前の私」が思っていたことを5年後にもう一度見直し、過去と今の自分の思いの差分を見て、考えを深めるのも大事です。

私は今も、つらさや悔しさが「感情の閾値《いきち》を超えた」と思うような大きな出来事が起きたときに、パソコンのワードに打ち込む習慣があります。「書きたい」と思ったらすぐさまワードを開くのです。

弁護士事務所を辞めさせられたときにも、退職を言い渡された日のうちに、自分の身に起きたことや感情をワードに打ち込みました。最初は全体を俯瞰して書くことは全然できなかったのですが、パートナーが私の部屋に来て「辞めてもらわないといけない」と言った瞬間のことを文字にしました。そのファイルをパソコンのデスクトップに保存しておき、後からまたふとしたときに開いて読み返しました。そのときにはもう落ち着いた気持ちで読むことができたので、冷静な視点で書き直しました。

そのほかにも、感情に大きな起伏が生じたときにはワードに打ち込んで、後で読み直しています。ファイルのタイトルは自動で付けます（ワード文書を保存すると、打ち込んだ文章の冒頭がファイル名になるので、そのままにしておく）。こうした、感情に関する書きなぐりのようなワードファイルを1つのフォルダにまとめて、時々眺めては手を入れています。そうしているうちに「そろそろほかの人に話しても大丈夫そう」と思う瞬間が訪れます。皆さんにももしそのときが来たら、できるだけ自分と同じような経験をしている人で、話を聞いてくれそうな人を選び、勇気を持って話してみてほしいです。

一方的に何かを決めつけてくる人、問題を解決しようとしてくる人、「分かるよ、その気持ち」と口で言っているのに実は全然分かっていない人……などは、飴玉について話す相手からは外したほうがいいかもしれません。

仲が良い相手なら誰でもOKというわけでもありません。例えば私の妹は、心身共に健康で強い。なので、私が精神的に追い詰められたときの話をしても、きっと「え、ウケる（笑）」と軽く受け流されて終わってしまうのではないかな、と思うこともあります。妹のことは信頼していますし、とても仲は良いのですが、飴玉を話す相手には向いていないような気がします。

初めは、たぶんうまく話せず、話している途中で泣いたり、ものすごく恨みがましい感じになってしまったりするかもしれません。でも、第三者に話して、自分の外に飴玉を出してしまうことが大事です。

出来事とは、どちらの方向からどういうふうに光を当てるかで見え方が変わります。人に話す過程で「私はこの出来事を、この角度からこのように光を当てて見る」という照らし方が定まってくるのです。「この人だったら聞いてくれるのではないかな」という相手に「実は、こういう経験をしたことがあって……」と話すうちに、だんだん自分でもその物事を消化してうまく話せるようになってくるでしょう。

適切な相手に適切なタイミングで飴玉を渡すことは、相手のためにもなるし、自分のためにもなる。どういうコメントを返してくれる人かで、その人の深さも分かります。「この人は一見するとキラキラしているけれど、傷つくような経験もたくさんしているんだ。だから私の話に共感して、学びの多いコメントを返してくれるんだ」と気づくこともあります。人に心を開くと、何かしら発見があるものです。

この本では、私の5つの特大飴玉について話しました。でも、私は、5大飴玉のほかに、誰にでもすぐに分けてあげられる、誰が聞いてもピンと来て共感してもらえるような「ザ・入門編　飴玉」みたいなものもたくさん持っています。

皆さんにも実はたくさんの飴玉や飴玉の素となるような経験があるのではないでしょうか？　つらすぎるから直視しないようにしてきた方もいるかもしれませんが、時が来たら、あえて、つらかった経験を正面から見つめ、その経験がどんなものだったか、その経験によって何を学んだかを整理してみてください。そして、タイミングを見計らって、部下や後輩にその話をしてみてください。最初から特大飴玉から話す必要はありません。「ザ・入門編　飴玉」を2～3個持っていると便利だと思います。

例えば職場でリーダーになったら、部下や後輩に自分の弱みを開示することが大事です。新人時代に経験した失敗などは、万人に共感してもらいやすい「ザ・入門編　飴玉」の一つだといえるでしょう。特に女性のリーダーは、職場で必要以上に自分を強く見せてきたのではないでしょうか。そんな強そうな姿を見て、部下や後輩は「ああはなれない」「ああはなりたくない」と、萎縮しているかもしれません。だから、そういう人にこそ、気軽にパッと渡せる「ザ・入門編　飴玉」を用意しておき、部下や後輩と話をしているときにポロッと打ち明けたり、新しいメンバーが入ってきたときの自己紹介で話したりしてみてほしいのです。

この本で書いたように、私は図らずも、ジグザグキャリアを歩んできました。

子どもの頃、人生はまっすぐな道だと思っていました。

中学校時代に成績が伸び、東京の高校を受験して合格。東大に入って、3年生のときに司法試験に合格。「全優」で卒業し、財務省官僚へ。

でも、そこから「らくご者」になったという自覚があります。財務省を逃げるように辞めて、弁護士事務所でも実績を出せずに辞めさせられて、結婚を約束した彼から別れを告げられ、留学後は住む家もなく、仕事もなく、夢も希望もなく……。

鋭角のジェットコースターに乗って坂を登って、急降下した感じです。

そこからもがきにもがいて、幸運にも今の場所にたどり着くことができましたが、アップダウンの激しすぎるジグザグキャリアを歩んだ私だからこそ得られたものがあったのではないか、と今では思います。

私が親に感謝しているのは、強靭な肉体（運動音痴だけど）と強いメンタルです。何だかんだいって、何があっても、基本、元気。追い詰められても「私はここで終わらない」「きっとどうにかなる」という自分に対する信頼を失わなかったこと。その結果、いくつもの飴玉を手に入れて、ある程度、満足できる自分の人生を生きることができています。

ジグザグキャリアを歩んだ結果、今、手の中にあるのは、社会から押し付けられた刷り込みや枠とはあまり関係ないところにあった、自分の「強み」と自分が定義する「幸せ」。そして、いくつもの飴玉。これがあれば大丈夫。これから先に何があっても、飴玉を大事にしながら、強く生きていけるはず。皆さん、私の飴玉をどうぞ召し上がってください。そして、皆さんの飴玉も大事に大事にしてくださいね。皆さんのとっておきの飴玉話、聞いてみたいなぁ〜。

アップダウンが激しすぎる私のジグザグキャリアを、
分かりやすく図解してみました！

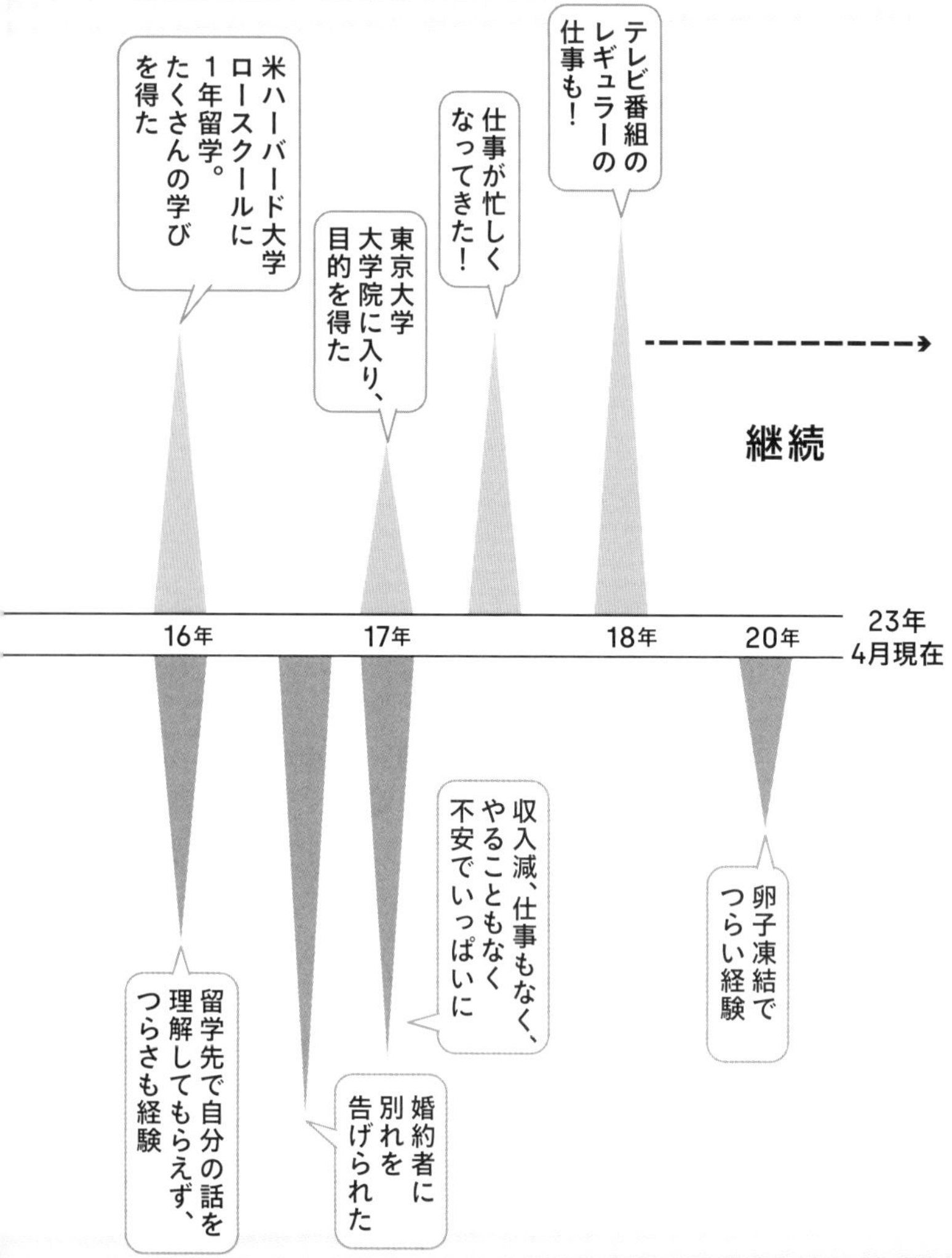

私のライフマップ

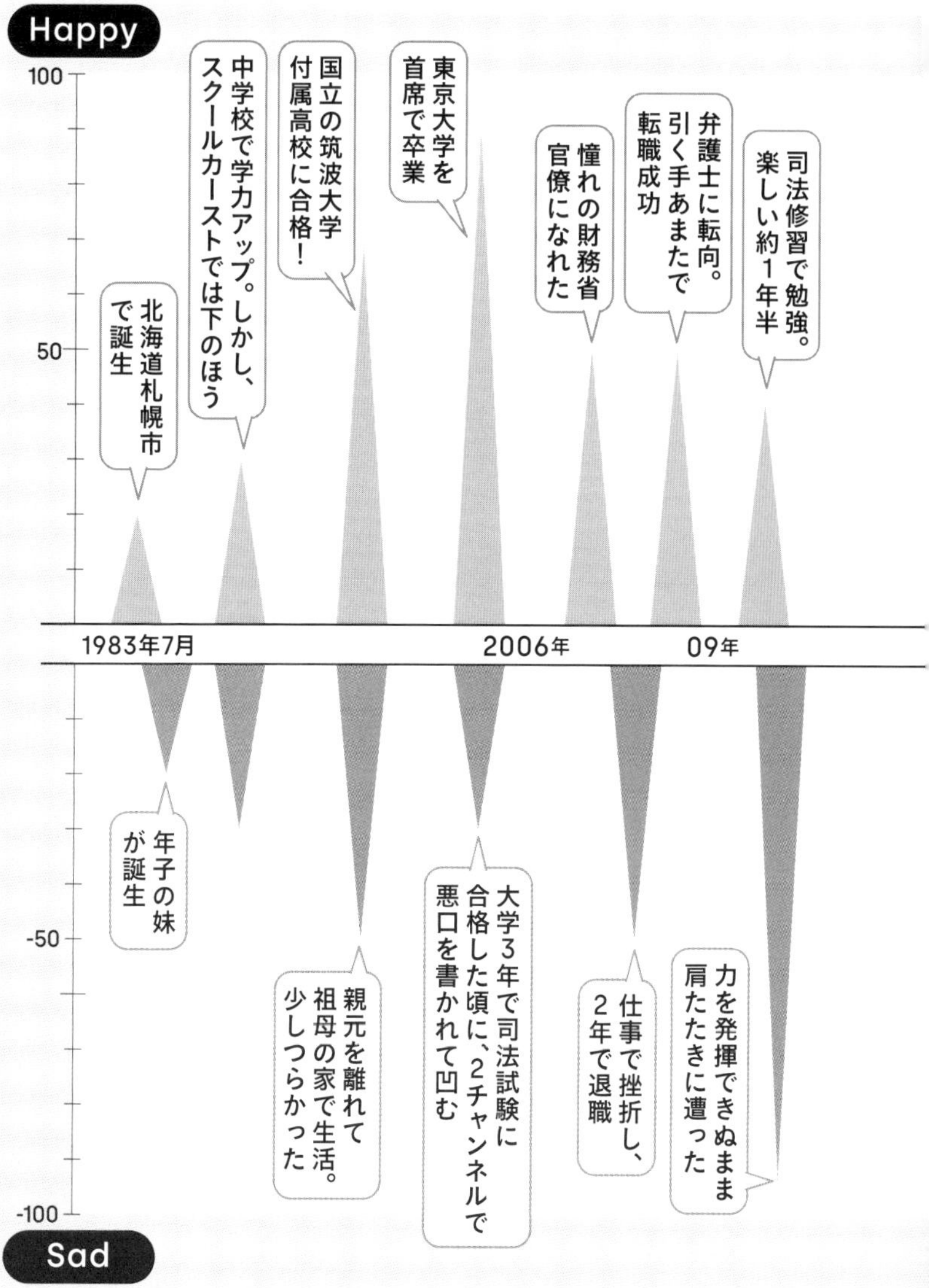

Happy
100
50
-50
-100
Sad
1983年7月
2006年
09年
北海道札幌市で誕生
中学校で学力アップ。しかし、スクールカーストでは下のほう
国立の筑波大学付属高校に合格！
東京大学を首席で卒業
憧れの財務省官僚になれた
弁護士に転向。引く手あまたで転職成功
司法修習で勉強。楽しい約1年半
年子の妹が誕生
親元を離れて祖母の家で生活。少しつらかった
大学3年で司法試験に合格した頃に、2チャンネルで悪口を書かれて凹む
仕事で挫折し、2年で退職
力を発揮できぬまま肩たたきに遭った

私の歩んできた道を写真で紹介します

小学生（父、妹と）

10歳のとき。医師である両親は毎年、夏休みに家族で海外旅行をさせてくれました。これはオーストラリア。小学校1年生のときにカナダに行ったのが初めての海外。父の学会発表に付いていきました。家族旅行は私が高校2年生になったときぐらいまで行っていたかなぁ。

高校の入学式（母と）

筑波大学附属高等学校の入学式。受験したものの、受かるとは思っていなかったので、いきなり親元を離れることになって、母子共にかなり不安だったと思います。このときから、大学卒業まで、実家の北海道を離れて、横浜の祖母の家で生活しました。

大学1年12月

20歳。大学生時代に、上京中の母と買い物をしたときの1枚。この表情は私なりの決め顔(苦笑)。チェックのスカートは母のお下がり。一見ビシッと決まっているようですが、よく見ると、ファッションとしては、ちょっとずつずれているような……。

官僚時代

2006年4月3日、入省の日。前途洋々で、この後何が起きるかなんて想像だにしていなかった。緊張で表情が硬いです。

司法修習

財務省を退職した後、弁護士になるための研修である司法修習に参加しました。2008年4月に埼玉県の寮に入って2カ月研修、その後、大分県に行って、1年間、最後また2カ月、埼玉県の寮で09年9月まで研修しました。同期ともとても仲が良くて、楽しい約1年半でした。

弁護士事務所時代

メイクが濃かったときの写真。弁護士事務所で仕事を覚え始めた頃。妹と年に1度、海外旅行に行っていて、その旅先で撮影しました。これはつけまつげじゃなくて、マスカラだけですが、鼻張りはしっかりしていましたね。

免許証に見る
ビジュアルの変遷…

過去の運転免許証を見比べて自分でも驚いてしまいました。見た目がここまで変わるって、すごいと思って。5年ごとにこの変化ですよ、同じ人に見えなくないですか？ 平成21年（2009年）、司法修習時代の鼻張りと髪形とファッションがすごい。ずっとまじめに勉強をしてきたから、ギャル的なものに対する憧れがあったんだと思います。ちなみに、私の妹は大のメーク好きで、いろいろなメーク方法を伝授してくれます。感謝ですね。

「私って、こんな人」12の質問に答えてみました

まだまだ、「山口さんは強い人」というイメージがあるかもしれないので、もっと等身大な感じが伝わるような、あれこれを大公開します。

Q1.「典型的な平日のスケジュール（番組収録がある日の場合）」は？

7時	起床して勉強
8時	妹がメークを終えたらスープを温めてくれる。 健康のために2人でノンアルコールの甘酒を小さな器で乾杯（朝の儀式）。毎朝のスープに加えて、納豆ごはんなど、食べたいものを食べる（春夏はスープではなく、ラタトゥイユを食べる）
9時	妹が家を出て職場に向かう。私は勉強をする
10時30分	新幹線に乗る。移動中は勉強
12時過ぎ	名古屋駅に到着
12時30分	名古屋市内のテレビ局へ行き、番組収録
16時過ぎ	新幹線で勉強
18時前	東京駅に到着
18時過ぎ	帰宅して夕飯の買い出し
19時30分	帰宅した妹と夕飯を食べておしゃべり
21時	30分間運動（スクワット、腕立て伏せ、腹筋など。ルーティンを決めて繰り返すのが好き）
21時30分	入浴
22時	勉強
23時	就寝

Q2.「典型的な土曜日のスケジュール」は？

7時	起床して勉強
14時	妹が仕事から帰ってきたら、2人で買い物へ 映画を見たりしてまったり過ごす
17時	2時間ほど入浴しながら本を読む、至福の時間
19時	夕飯
23時	就寝

Q3.「典型的な日曜日のスケジュール」は？

7時	起床して勉強
8時	妹が起床したら、私は掃除。料理担当の妹は、秋冬にはこの時間に1週間分のスープを作る。野菜ときのこ、タンパク質を入れて。春夏にはスープではなくラタトゥイユを作る
10時30分	2人でお茶する
12時	ランチはパスタなどの麺類を食べる
14時	フジテレビ『ザ・ノンフィクション』というテレビ番組を見て、「月曜日からまた頑張るか」という気持ちになる
15時	夕飯の買い出し
17時	2時間ほど入浴しながら本を読む、至福の時間
19時	夕飯
21時	月曜のコメンテーターを務める、テレビ朝日『羽鳥慎一モーニングショー』から翌朝の番組で取り扱うテーマが送られてくるので、リサーチを開始
23時	就寝

Q4. 今は、どんな勉強をしているのですか？

米国の判例を読んで「評釈」をまとめる、といった内容が多いです。評釈とは、判例を読み、趣旨と解説をまとめるもの。私は仕事で原稿として評釈を提出しなければならないのです。米国における家族法の研究のトレンドを見ると、少し前までは生殖補助医療が最大のテーマでしたが、もう旬は過ぎたという印象。今の研究テーマは「代理懐胎」。代理懐胎は「産んだ人が母ではない、というのはどういうことか」「母とは何か」を問うテーマです。次に興味があるのが「養子縁組」です。

Q5.「好きな食べ物」は？

野菜、納豆、豆腐など、体によくておいしいもの。それと、ハーゲンダッツのアイスクリーム。ハーゲンダッツのアイスクリームって、進化がすさまじいですよね。何味でも好きです。お酒はあまり強くありませんが、仕事で疲れているときはストロング酎ハイをグイッと。

Q6.「好きな本」は？

いっぱいあるので答えにくいですね。人生に大きな影響を受けた本という点でいうと、大学の米国文学史の授業で出合った、黒人の女性の作家の作品です。トニ・モリスンの『青い眼がほしい』やアリス・ウォーカーの『カラーパープル』。それまで読んだことがなかった、内省的で写実的でありながら、社会を描き出している本。『青い眼がほしい』を読んで「家族って、私が思っていたほど普遍的な存在ではないんだ」と思いました。

でもどんなに好きな本も、物語本を2回読むことはほとんどありません。世界にこれだけ多くの物語が存在しているのだから、死ぬまでに一つでも多くの物語を読みたい、という気持ちがある。だから2回読むのは時間がもったいない(ほら、私は一回読んだ内容はほぼ忘れないので)。また、いくら本好きと言っても、途中で読むのをやめる本も結構あるんです。私は純文学が苦手。芥川賞受賞作品よりも、直木賞受賞作品のほうが好きです。

マンガも好きで『SLAM DUNK(スラムダンク)』は相当な回数読んでいます。中学生時代から読み始めて、実家に帰るたびに定期的に読み直します。小説は2回目は既視感があって読んでもあまり楽しめないのですが、絵を覚えるのはあまり得意ではないので、マンガの内容は適度に忘れているのだと思います。『NANA - ナナ-』も好きです。

小さい頃に一番好きだった本は『はてしない物語』でした。小学校高学年のときに読んで主人公に自分を重ねたのだと思います。当時の私はニキビ顔で、運動神経が悪かったので変身願望が強くて。この物語は、友達にいじめられている子どもが、本の中の世界に入り込んで冒険しながら大活躍していく話です。「本の中では自由に羽ばたける世界が広がっているんだ。私も本の中で羽ばたこう。本をパタンと閉じた後は、現実と向き合って一歩ずつ地道に歩んでいこう」と思っていました。その後も体育の時間に4段の跳び箱を飛ぼうとして骨折しちゃいましたけど。本の中みたいにいきなり8段、9段が飛べるようにはならないけれど、地道に練習して、まず4段を飛べるようになろう、と。つらい現実の自分に向き合うためには本を開いて、自分ではない「何者か」になる時間が私には必要でした。『ゲド戦記』『ナルニア国物語』なども同様にとても好きで大事な本でした。

Q7.「バッグの中身」は？

携帯電話、携帯電話の充電器一式、爪が折れたときに使うヤスリ、目薬、白髪染め（分け目を変えたときに白いのが出ないように）、アホ毛スティック、推理小説の文庫本などが入っていて、基本、カオスです。妹は秩序を愛していますが、私は「適度な混乱」が必要なタイプ。例えば、わが家の玄関に妹は今日履いていく靴しか出さない。私は玄関のたたきに並んでいる靴を蹴散らしながら一度家を出てから「鍵がなーい！」「日傘がなーい！」と言って何回か戻ってくるのが好き。妹から「鍵なんて、決まったところに置けばいいじゃない。物の置き場所を変えないで！」と言われるのですが、私は「おっと、今日はこんなところにあった！」と驚きながら、カオスを半ば楽しんでいるところがあります。妹は秩序のない私の空間が視界に入るのが嫌だそうで、「部屋のドアを閉めて（見えないようにして）」と言うので、私は「はい」と言って素直に閉めています。

Q8.「好きなファッション」は？

原色が好きでピンク色の服などを着たいのですが、妹から「もう原色は着ないほうがいいんじゃない？」と言われています。体にフィットして裾が広がっているきれいなラインやタイトなワンピースが好き。丈は膝上も好きなのですが、妹に「ストッキングをはくんだったらいいけど、膝を見せるような丈はもうはかないほうがいいよ」と助言されております。ヒールも好きですが、「12センチとかはもうはかないほうがいいんじゃない？」と言われます。なので、妹が出かけた後に好きな服を着て出かけたりしています。

Q9.「いつかやってみたいこと」は？

私は「やってみたい」という考え方はしません。基本、義務感をベースにして生きているタイプ。なので「やるべきこと」リストしかないのですが、それでいうと勉強をもっとしなければいけないということ。そして、妹に「物が多いので、減らして」と言われているので、物を減らさなくては。洋服は減らしたので、次は手元にある本を整理して半分にまで減らす、というのが今の最大のミッションです。

Q10.「絶対にやりたくないこと」は？

バンジージャンプとスカイダイビング。乗り越えなければいけないことにも限度があると思う（苦笑）！ 苦手なクイズ番組出演のオファーを頂いたときは、「ここで逃げたら苦手意識ができる」と思ったので挑戦しましたが。仕事なら断れないかもしれませんが、少なくともプライベートで、バンジーまでやる必要はないと思っています！

Q11.「好きなこと」は？

本を読むこと。食べること。でも、基本的に「好きなことをしてはいけない」という思いが根底にあるので、大好きなハーゲンダッツのアイスクリームも、一度に1個は食べません。蓋を開けたらスプーンで十字線を引き、一度に4分の1のスペースしか食べないと決めている（「それって、意味あるの？」とか聞かないでね）。「絶対にこの線からはみ出してはいけない！」と思いながら食べる。これは私の意志の力を試す儀式で、「今日もできた！」と、毎日、自分の意志力を確認しています。これは高校生ぐらいのときからのルーティン。

一度だけ、司法試験の勉強中にハーゲンダッツのアイスクリームを一気に3個食べたことがあって、あれは本当に気持ちよかった。勉

強が一番つらかったときのことで、「こんなに勉強してるんだから、大丈夫。許されるはず」って。誰に許されるって、ほかの誰でもない自分自身に、なんですけどね。こういう自分自身との取引を生活の中でよくやっています。

あと、全然違う切り口でいうと「人」が好きです。人のことを理解しようと思うことが好き。世間を騒がせている事件などのニュースも気になるほうで、興味を持ったニュースがあると、それについて調べまくったりしています。「人の奥底に何が潜んでいるんだろう」ということを探るのが好きなんです。

そうそう、耳かきも好きですよ。

Q12.「嫌いなこと」は?

勉強。大嫌いです。「勉強が好き」って言う人は、極限までは勉強したことがない人なのではないかな、と思ってしまう。好きなわけ、ないじゃないですか。1日19時間30分、勉強してみてくださいよ。苦痛以外の何物でもないです。

中には「勉強が好きで好きで仕方がない」という人もいるのかもしれません。たぶん、そういう人はいわゆる天才なのではないでしょうか。でも私は全くそういうタイプではない。すべての教科が好きという人はいないと思うし、勉強が好きという人は、例外を除いては、勉強が好きなのではなく、競争が好きなのではないかなと思います。「人より前に行く」ことが好きだから勉強する。私はこっちのタイプ。

純粋に「面白いな」と思ったものはあります。例えば、古文の『源氏物語』とか。私の通った高校の古文の先生は、受験に関係なくても、名文を教材にして、作者が作品に忍ばせた仕掛けを分かりやすく説明してくれるステキな先生でした。大学時代の英米文学の授業も面白かった。こんなふうに物語や人をベースに説明してくれる先生の授業には夢中になりました。世界史や日本史の授業でも、文化の部分の勉強は楽しかった。一方で数学はそうではなかった。でも、分からないことに挑戦して打ち勝っていくプロセスが喜びでした。

大学院時代には、さらに高いレベルでの面白さも知りました。ものすごい苦痛の先に「何か」があって、突然、物事が立ち上がる瞬間を経験しました。例えば、博士論文を書いていた1～2年はものすごくつらかった。書いた論文の穴を指摘されまくって一回は絶望しました。でも、「こう書けば大丈夫」という助言を受けて立ち直り、どうにか書き直していたら、ある瞬間に「ドンッ」と大きなものが立ち上がった。論文の中でいろんな物事がパパパパッとつながったように感じたんです。そのときはものすごく興奮しました。だけどそれは、私の長い勉強人生の中のほんの一瞬にすぎません。勉強は、苦痛の時間のほうがずっと長いです。

そりゃ、テストで100点取れた、というのは瞬間的にうれしいですよ。でも、97点だったときに「どこで3点落としたんだろう」と考えることがつらい。つらいことのほうが多いです。今も毎日勉強をしていますが、つらいです。

今の子どもたちってつらいと思うんですよ。私が子どもの頃は勉強中は勉強するしかありませんでしたが、今は、スマホなどで何でも簡単に別のことを始められちゃいますよね。そうやって流されそうになる自分と、今も私は闘っています。

例えば、パソコンで勉強に必要な調べ物をしているときに、（ニューヨークのメトロポリタン美術館で行われるファッションの祭典）「メットガラ」での張り切りすぎたセレブたちの失敗ドレス特集ニュースがSNSで流れてきて、つい見始めて……。ハッとして「この記事、50ページあるよ。私はどこまで見るつもり？」と我に返って勉強に戻りつつも、また何か余計な検索をし始めてしまって、また我に返る……。こんなことの繰り返しです。毎朝の勉強は、妹がメークを終了するまで続けるのがルーティンなので、その瞬間が楽しみでたまらない。「あ、そろそろメーク、終わりそうじゃーん」と思ったら、また妹がおもむろに髪をアイロンで巻き始めたりするのを見てイライラしちゃうことも。いつも「早く勉強をやめたい！」って思っていますよ（苦笑）。

山口 真由（やまぐち まゆ）

1983年、札幌市出身。2006年3月、東京大学法学部を卒業。同年4月に財務省に入省。08年に退官し、15年まで、弁護士として法律事務所に勤務。15年9月～16年8月、米ハーバード大学ロースクールに留学し、卒業。17年4月、東京大学大学院法学政治学研究科博士課程に入学。17年6月、米ニューヨーク州弁護士登録。20年3月、東大大学院を修了。20年4月から信州大学特任准教授となり、翌年、特任教授に就任。近著に『世界一やさしいフェミニズム入門 早わかり200年史』（幻冬舎新書）、『アメリカにおける第二の親の決定』（弘文堂）、『「ふつうの家族」にさようなら』（KADOKAWA）がある。

挫折からのキャリア論

2023年5月29日　第1版第1刷発行

著　者　山口真由
発行者　佐藤珠希
編　集　小田舞子

発　行　株式会社日経BP
発　売　株式会社日経BPマーケティング
〒105-8308 東京都港区虎ノ門 4-3-12

装丁デザイン　小口翔平+畑中 茜（tobufune）　イラスト　えがしら みちこ
中面デザイン　藤原未央　撮影　稲垣純也　印刷・製本　図書印刷株式会社

ISBN978-4-296-20205-8